跑步圣经
国家队教练教你跑得更快

冉令军　主　编

清华大学出版社
北京

内 容 简 介

本书从提升跑步成绩、刷新跑步PB的实战角度出发，详细地介绍了跑步体能训练基本理论及实训方法，全面而科学地为跑步爱好者制定了一套系统的体能训练方法。全书分5章，介绍了与跑步相关的心肺耐力、肌肉力量、核心稳定、柔韧性、灵敏协调等身体素质的专项训练，跑步的专项热身和恢复方法，以及备战马拉松等比赛的完整体能训练计划等内容。

本书图文并茂，秉承了运动理论知识与实训相结合的特点，从技术、基础理论以及练习方法3个角度帮助读者掌握跑步体能训练的理论与练习方法。本书内容简单易懂、结构清晰、实用性强、训练计划经典，适合跑步爱好者、大中专院校师生及健身培训人员使用，同时也是健身爱好者的必备参考书。

图书在版编目(CIP)数据

跑步圣经.国家队教练教你跑得更快 / 冉令军主编. — 北京：清华大学出版社，2021.5

ISBN 978-7-302-56896-4

Ⅰ.①跑… Ⅱ.①冉… Ⅲ.① 跑—健身运动—基本知识 Ⅳ.①G822

中国版本图书馆CIP数据核字（2020）第226921号

责任编辑：张彦青　陈立静
封面设计：李　坤
责任校对：周剑云
责任印制：宋　林

出版发行：清华大学出版社

　　　　网　　　址：http：//www.tup.com.cn, http：//www.wqbook.com
　　　　地　　　址：北京清华大学学研大厦A座　　　　　　邮　　编：100084
　　　　社 总 机：010-62770175　　　　　　　　　　　　邮　　购：010-62786544
　　　　投稿与读者服务：010-62776969, c-service@tup.tsinghua.edu.cn
　　　　质量反馈：010-62772015, zhiliang@tup.tsinghua.edu.cn

印 装 者：天津鑫丰华印务有限公司

经　　销：全国新华书店

开　　本：170mm×240mm　　　印　　张：14　　　字　　数：212千字
版　　次：2021年5月第1版　　　印　　次：2021年5月第1次印刷
定　　价：58.00元

产品编号：086941-01

编 委 会

推 荐 语

跑步已成为一种时尚的健身运动方式。如果你希望学习和掌握正确的跑步技术、如果你希望减少跑步过程中的伤病、如果你希望提高跑步成绩、如果你需要合理备战马拉松、如果你希望通过跑步获得健康、如果希望在跑步中获得很多快乐、如果你想把跑步终身坚持下去，这套丛书就是你必备的跑步指南。

——王安利（中华医学会运动康复学院副院长，前北京体育大学运动医学与
康复学院院长）

近年来，越来越多的人开始享受跑步的乐趣，这项运动已经成为许多人日常生活的一部分。要想成为一名理性的成功跑者，尊重科学、系统掌握跑步知识至关重要。这些技能可以让我们避免伤病、提高训练效率、提升运动水平，让我们跑得更安全、更长久、更开心。这套丛书从运动科学的角度，系统地介绍了跑步的相关知识，相信能够给您带来许多有益的帮助！

——白雪（2009 年柏林世锦赛马拉松冠军）

此书非常全面地解读了跑步这项运动，从技术到营养、从训练到康复，多角度、多维度地指导跑者如何科学、高效地参与到跑步这项运动中。

——王丽萍（2000 年悉尼奥运会竞走冠军，北京体育大学国家级竞走教练，
王者传奇体育创始人）

我们身边已有很多人用实实在在的变化证明了跑步对身心健康的巨大好处，也有很多人经历了不知道怎么跑、担心受伤、受伤了就不敢再跑的困扰。如果想了解自己的身体，科学制订跑步计划，享受跑步的乐趣，避免受伤，那就应该读一读这套书！

——路一鸣（前央视今日说法栏目主持人，创新奇智合伙人，EMBA 戈壁挑战赛跑者）

当"锻炼战疫"成为健康生活新常态时，参与到跑步锻炼中的人越来越多，但初跑者通常缺少专业指导。而这套丛书仿佛让大家找到了身边的教练和队医，从而确保我们可以健康长久地跑下去！这套书将让大家受益终身！

——卜大巍（北京合众厚生投资管理有限公司、北京翰合资本董事长，马拉松达人）

没有伤痛，才能快乐地奔跑一辈子！

——周航（科技投资人，顺为资本投资合伙人，原易到用车创始人，跑步爱好者）

Ready To Run

前　　言

最好的药物是免疫力。

2020年是最难忘的一年，原本红红火火的春节在新冠肺炎的影响下突然按下了暂停键，"百毒不侵""平安""健康"等词语成为春节的问候语。

在这场没有硝烟的战争中，我们唯一期盼的是健康。奔赴在一线的钟南山院士等专家指出，体育运动对防治新冠肺炎具有积极作用。

运动是一把双刃剑。科学合理的运动，不仅可以强身健体，还可以避免损伤。我从小喜欢运动，2007年第一次参加北京马拉松，从那以后对跑步的喜爱一发不可收拾，曾连续多年参加马拉松和越野赛。每次跑完后，感觉身与心达到合一的轻松。然而，因为运动过多，2009年膝盖和肩膀出现疼痛，不得已停止了运动。但是，对于有运动习惯的人来说，不运动总感觉浑身不舒服，总想运动。那时正值学习运动康复专业课，于是我按照学习的知识给自己做康复，竟然一个多月就好了，可以重新恢复跑步、打球了。从此以后我养成了系统、科学的运动习惯，即运动前热身，运动后放松，从此再也没有出现过运动损伤。经过运动从损伤到康复的过程后我对运动康复的理解越来越深，越来越喜欢。它能通过简单的动作或者小方法解决运动中的一些损伤，对于具有运动损伤的人群太实用了。

2014年，随着全民运动的热潮来袭，很多人开始动了起来，热衷于跑步的人群直线上升。根据国家体育总局田径运动管理中心的数据统计，目前我国的跑步人口（非马拉松比赛人数）已经接近3亿人，规模非常巨大。然而，当前跑步运动损伤的发病率为10%～20%，并且呈逐年增长趋势。随着马拉松比赛在国内的开展，跑步运动吸引了越来越多的人群参与，但是运动带来的损伤也越来越多。

跑步的最高境界，就是能够健康地跑一辈子。

但是，我遇到非常多的跑者，跑步时即使出现了疼痛，依然坚持参加比赛。这一固执可能会导致关节磨损加重，甚至以后都不能跑步。所以，出现疼痛或者不适的时候，一定要正视自己的运动习惯与方式。

倡导科学运动，促进全民健康，知识普及非常关键。自从离开国家队，我更专注于全民健身，让大众能够享受到奥运冠军般的运动康复技术。

跑步，需要建立科学的运动习惯，知道如何防治运动损伤。

跑步，体能是基础，不仅可以提升跑步成绩，还能预防运动损伤。

跑步，运动模式决定了跑步的效率和速度，而运动模式就是我们所说的跑姿。

因此，我撰写了"跑步圣经——国家队教练教你完美跑姿""跑步圣经——国家队队医教你无伤痛跑步""跑步圣经——国家队教练教你跑得更快"相关图书，以期让更多的跑友科学、健康地动起来。

跑步是一项最简单的全民运动项目。健康中国，就从跑步开始吧！

冉令军

第四章
跑步如何恢复

目录

第六章
跑步体能训练计划

参考文献 / 212

第五章
步专项体能训练

第 一 章

什么是体能

Ready
To
Run

第一节
体能是身体素质的综合吗

相信大家都听说过"体能"一词。那体能到底是什么意思呢，对于跑友来说有什么帮助呢？

体能是指通过先天遗传和后天训练形成的，能满足一般生活需要，预防疾病，满足比赛过程中创造优异运动成绩和表现所必需的各种身体能力的综合，包括心理心智、身体形态、身体机能、身体健康、动作功能质量和运动素质。

科学制定的体能训练可以增强肌肉耐力、心肺功能、敏捷度及自信心，是提高运动能力和避免运动伤害的重要部分。所以，科学的体能训练是进行比赛的必要准备和重要保障。

对于跑友来说，拥有良好的体能会在跑步过程中占很大的优势，并且能有效预防因机体疲劳而引起的运动损伤。如果运动表现是一种消耗，那么体能训练则是一种储备，有储备才会有消耗！

适应

赛跑

远足

　　在这一章，我们会详细地讲解体能训练的内容和优势，并通过一系列的体能训练来提高跑者的基本运动能力，从而预防运动损伤的发生，提高运动表现！

第二节
体能训练都有哪些

　　有一些网友反映，最近一直在进行器械训练，由于只专注于力量训练，感觉体能好像没有多大进步。

　　这位网友将体能和身体能量这两个概念混淆了。我们可以将身体能量理解为身体释放的能量，将体能理解为身体素质。体能分为健康体能和竞技体能，包括力量、速度、灵敏度、协调性、柔韧性和耐力，以及人体在基本生活中的能力，如走、跑、跳、投掷、支撑、悬垂、攀登、爬越等。

一、健康体能

　　健康体能的目的是促进健康和预防疾病，它包括心肺适能、肌肉适能、身体柔软度、身体组成等。日常训练具有运动强度较低、训练频率较低和运动时间短等特点，一般是适度的有氧运动。它给人的感受是较轻松自在、舒适愉快，少有乳酸堆积，并且在运动过程中可以与人交谈。通过科学的体能训练，可以改善现代人的身心健康，提高生活质量及运动能力。

1 心肺适能

　　心肺适能是指人从外界摄入氧气和将摄入的氧气转化为能量的能力。在这个过程中，牵涉心脏制血及泵血功能、肺部摄氧及交换气体能力、血液循环系统携带氧气至全身各部位的效率，以及肌肉使用这些氧气的能力。心肺功能良好，身体的主要机能才可以健康运作，因此患慢性疾病如心血管病、内分泌系统疾病、呼吸系统疾病的可能性也相对较低。

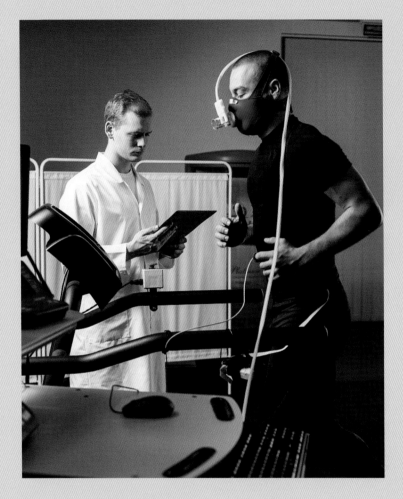

现代人进行运动的目的是为了消脂瘦身以达到健身健美的效果，但同时也应考虑将锻炼心肺功能作为运动的目的之一。长期科学地从事体育运动，可促使心脏在结构和机能方面发生良好的改善。例如心脏收缩会更加有力，使得每次搏动的心血输出量增加，从而不仅可以提高心脏抗疲劳的能力，还可以提升心脏的储备能力，为以后的运动打下坚实的基础。

2 肌肉适能

肌肉适能是指肌力与肌肉耐力。肌力是指肌肉对抗某种阻力时所发出的力量，一般指肌肉在一次收缩时所能产生的最大力量。通俗来讲就是人在极限状态时所发出的力量。而肌肉耐力则是指肌肉维持使用某种肌力时，能持续用力的时间或反复次数。如进行壶铃摆动的最多次数和平板支撑所坚持的最长时间就是指的肌肉耐力。

对普通人来说，良好的肌力和肌肉耐力有助于保持健康、预防损伤与提高工作效率；对于运动员来说，肌力是大多数运动项目的基础，如果没有力量作为基础，那么许多项目的专业技术也无法得到有效的发展。当肌力和肌肉耐力衰退时，肌肉往往无法胜任日常活动及较高的工作负荷，容易产生疲劳甚至疼痛，此时如果再进行高强度的运动，容易导致运动损伤。对于很多久坐不动的人来讲，进行剧烈运动时容易受伤，这一现象产生的原因则是肌力和肌肉耐力下降所导致的。

3 柔软度

柔软度也称为柔韧性，是指人体关节活动幅度以及关节韧带、肌腱、肌肉、皮肤和其他组织的弹性和伸展能力，通常表现为关节和关节系统的活动范围。柔韧性是身体健康素质的重要组成部分。

充分发展柔韧性可以使人体关节的活动范围加大，关节灵活性增强，这样在做动作时就会更加协调、准确、优美，同时在进行体育活动和日常生活中也可以减少由于动作幅度加大、扭转过猛所导致的关节、肌肉等软组织的损伤。

对于跑友来说，抛开其他身体素质的因素，如果身体的柔韧性太差，那么在跑步过程中可能会出现身体姿势异常、身体不协调、步幅小、局部肌肉紧张而导致抽搐等情况的出现，同时跑步的经济性也不会太高。长期得不到改善的话，身体会越来越僵硬，从而会极大地增加肌肉和关节损伤的风险。

4 身体质量指数

身体质量指数又称体重指数（Body Mass Index，BMI），是用体重公斤数除以身高米数平方得出的数值，是目前国际上常用的衡量人体胖瘦程度以及是否健康的一个标准。当我们需要比较及分析一个人的体重对于不同身高的人所带来的健康影响时，BMI值是一个中立而可靠的指标。但是对于健美运动员或者举重之类的运动员、孕妇或者哺乳期的妇女、体质虚弱的老年人、未成年等人群，该指标并不适用。

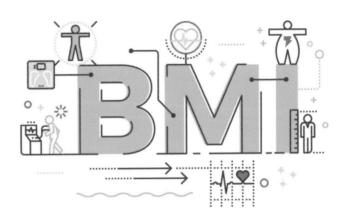

表1-1 质量指数

分类	WHO标准	亚洲标准	中国标准	相关疾病发病危险性
偏瘦	<18.5			低（但其他疾病危险性增加）
正常	18.5～24.9	18.5～22.9	18.5～23.9	平均水平
超重	≥2	≥23	≥24	
偏胖	25.0～29.9	23～24.9	24～27.9	增加
肥胖	30.0～34.9	25～29.9	≥28	中度增加
重度肥胖	35.0～39.9	≥30	—	严重增加
极重度肥胖	≥40.0			非常严重增加

二、竞技体能

　　小王说她有过两次半程马拉松（半马）经历，感觉不难，硬撑着也能跑完，但跑完之后却发现膝盖咯吱咯吱地响，血压略高，大腿肌肉剧疼。所以，第一次报名参加半马的朋友一定要在平时坚持训练，增加自己的竞技体能，特别是呼吸/心肺功能，拒绝因头脑一热就报名，然后却硬着头皮参加比赛的事情。

　　那么竞技体能包括些什么呢？下面我们来了解一下。

　　竞技体能是指与完成运动动作相关的身体素质，包括健康体能、速度、爆发力、灵敏性、协调能力、平衡能力和反应能力等，其训练的目的是增强运动竞赛能力。制定和实施专业运动的竞技体能训练的过程是科学严谨的，一般是在规定的周期内按照明确的目标训练。训练强度大、频率高，通常有氧训练与无氧训练交替进行。训练的过程比较激烈，肌肉常会出现酸痛的情况。

1 速度

　　速度是指人在单位时间内移动的距离或对外界刺激反应快慢的一种能力。体育技术动作大多要求快速完成。系统的速度训练既可以提高神经系统的敏感

性，也可以激活肌肉的神经——肌肉耦联系统的活性与快速协调应答能力，从而促进肌肉在运动中的快速激活能力，提高爆发力。

　　速度素质对其他身体素质的发展也有着积极的影响。国外的研究报告表明，高度发展的速度素质能为耐力的发展提供更大的空间。实验研究选取了部分国际著名马拉松选手进行50米测试，结果显示运动员50米测试成绩的排名与他们马拉松比赛的成绩排名惊人地相似，并且测试成绩靠前的后程冲刺能力明显比测试成绩靠后的强，从侧面说明速度素质能促进耐力的发挥。

[2] 爆发力

爆发力是指在最短时间内使器械(或人体本身)移动到尽量远的距离的能力。顾名思义，这种力就像火药爆炸一样，能在一瞬间爆发出巨大的能量。爆发力可以体现肌肉间的相互协调能力，强调快速有力的输出，是力量素质和速度素质相结合的一项体能素质。

首先需要了解一下爆发力和最大力量，因为它们两个相似而却不等同，有许多跑友会把它们混淆。例如跳高和跳远运动员在起跳的瞬间是非常迅速而有力的，此时在起跳瞬间所释放的力就称为爆发力。而深蹲或卧推训练中，能蹲起来或者推起来的最大重量则称为最大力量。当然爆发力和最大力量的关系也是密不可分的，最大力量的提升可以促进爆发力的发展。

[3] 灵敏性

灵敏性是指在各种突变条件下，运动员能够迅速、准确、协调地改变身体运动的空间位置和运动方向的能力。它是速度、柔韧性、力量等素质相结合的综合素质。对协调性、准确性和应变性要求高的运动项目来说，灵敏性是最重要的素质。

灵敏性在平常跑步或者日常生活中也非常重要。比如在马拉松比赛的出发阶段，运动员比较拥挤，有时会出现被其他运动员推撞而受伤的情况，此时身体的灵敏素质就显得尤为重要了。如果自身灵敏性比较高，那么就可以在突变条件下迅速反应，做出相应的避让动作，避免意外因素影响比赛。

4 协调能力

协调能力是指人在运动中主动肌、协同肌、对抗肌、支持肌相互配合，流畅而准确地完成动作的能力。从严格的意义上来讲，协调能力不能作为一种素质，而是一种综合能力的表现。协调能力是以身体素质平衡发展为基础，融合个体的速度、力量、耐力和技术，从而达到最优且最经济的运动效果。协调能力越好的人，运动表现越强，而且拥有良好的协调能力还可以促进动作发力模式的发挥。

5 平衡能力

平衡能力是指抵抗破坏平衡的外力，保持全身稳定状态的能力。平衡能力是身体素质的一种，受遗传因素和后天训练影响，它与协调能力相互依存、相互促进。

人的任何运动尤其是大肌肉参与活动的运动，都需要平衡能力参与。同时，平衡能力的发展对人的各项系统也是有好处的。它不仅可以改善中枢神经系统对肌肉组织与内脏器官的调节功能，提高前庭器官和运动器官的机能；而且还可以提高适应复杂环境的能力和自我保护能力。比如在户外进行越野跑时，受场地的影响，机体不得不动用自身的平衡能力来适应场地的环境。

静态的平衡活动和动态的平衡活动都可以发展平衡能力。例如，单脚站立和半蹲就属于静态的平衡活动；而步行、用前脚掌行走、曲线或障碍跑、立定跳远、在较窄的平衡板上行走、原地转圈后停下来等，则属于动态的平衡活动。

6 反应能力

在了解反应能力之前，需要了解反应时。某种情况下反应能力等同于反应时。反应时是指从接受刺激到机体做出反应动作所需的时间，主要反映人体神经与肌肉系统的协调性和快速反应能力。刺激引起了感觉器官的活动，经神经系统传递给大脑，大脑加工后将信号传递给效应器，效应器作用于外界的某种客体。

短跑是相同的距离内用时最短的项目，所以反应时越快，起跑阶段所占的优势就越大。

第三节

体能训练能预防损伤疼痛吗

随着马拉松热度的不断高涨，参加和体验马拉松乐趣的跑友也不断增加，随之而来的除了完赛的激动和喜悦，还有运动损伤。为什么会出现运动损伤呢？是我们在跑步过程中姿势不对还是准备工作没有做足呢？下面就从体能训练的角度来分析一下。

一、运动损伤发生的原因

导致损伤的两大因素是负荷和强度。通常在运动中由于外部或内部的力量或暴力造成的身体损伤或持续性的创伤叫作运动损伤。运动损伤可以分为急性损伤和过劳性损伤。对于跑步来说，过劳性损伤出现的概率远远高于急性损伤，比如应力性骨折、肌腱损伤等，无疑是由于跑步对耐力要求高，使得骨骼肌结构上的负荷量增加而造成的。

急性损伤是指一瞬间遭到暴力或间接暴力造成的损伤，比如肌肉拉伤、关节韧带扭伤和肌肉的撕裂。急性损伤可按损伤的特定部位划分（如骨骼、软骨、关节、韧带、肌肉等的损伤）或按损伤的种类划分（如骨折、错位和拉伤）。

过劳性损伤是指局部过度负荷，多次细微损伤积累而成的损伤，或由于急性损伤处理不当转化来的陈旧损伤，如髌骨软骨软化症、肩袖损伤等。造成这种损伤的原因通常分为两种，即外部因素，如训练计划、场地、鞋、设备或其他外部环境不合适；内部因素，包括明显的生物力学异常、肌肉柔韧性差、肌肉不平衡或腿长有差异等因素。

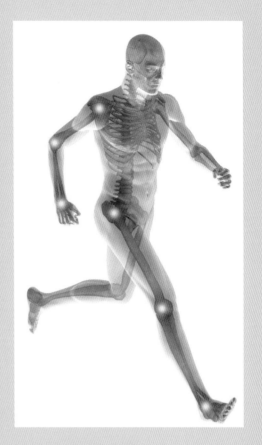

二、运动损伤的预防

在运动实践中，掌握损伤预防的原则和方法非常重要。正确的运动生物力学结构是损伤预防的主要因素，其他有助于预防损伤的因素还包括准备活动、拉伸练习、合理安排的训练计划、充分的恢复、心理和营养方面的支持、运动保护器材。

1 准备活动

准备活动可以加速肌肉的血流，改善肌肉的氧气供应，增加运动幅度，使运动器官和神经系统提前进入工作状态。准备活动包括一般性准备活动和专项性准备活动。一般性准备活动有跳、慢跑、牵拉、抗阻力量练习等。专项性准备活动除一般性准备活动外，还应包括即将从事的运动所设计的人体运动。具体的热身动作详见第三章，这里不再赘述。

② 拉伸

柔韧性是身体素质的一个重要方面，在运动中可以大幅度顺利地完成关节的活动是判断身体机能是否良好的重要标准。增加柔韧性可以减少肌肉韧带的损伤和肌肉酸痛。

拉伸有多种分类，如静态拉伸、动态拉伸，主动拉伸、被动拉伸，PNF拉伸等。

静态拉伸，是指姿势保持不变的拉伸方法，全程只有一个拉伸动作。动作缓慢柔和，每个动作一般持续30～60秒，被牵拉的肌肉由紧张变为松弛，关节的活动度逐步增大。静态拉伸多在运动后进行，可以改善肌肉的紧张僵硬，减少肌肉酸痛。

动态拉伸，是通过活动身体的某一部位，逐渐增加伸展幅度或者速度。这种拉伸不保持某一拉伸姿势，而是动态地进行，每个动作一般重复6～12次。动态拉伸多在运动前进行，可以结合运动项目，激活肌肉，动员身体，从而提高运动表现，降低运动损伤。

3 合理安排训练计划

错误地安排训练计划是受伤的常见因素，科学训练是预防损伤的基础。训练计划要遵循特定性原则、超负荷原则和个体性原则，根据自己的身体素质、训练史和损伤史制订。一旦确定某个训练因子与损伤有关，应立刻改正。

4 正确的运动姿势

以跑步为例。跑步的姿势为下肢交替运动，上身随之摆动以及躯干保持稳定。下图就很好地证明了错误的跑姿，正常情况下我们的躯干是在标准线上下轻微浮动，而不是很大的上下位移。只有保持正确的姿势才能保持正确的运动生物力学结构，进而预防运动损伤。

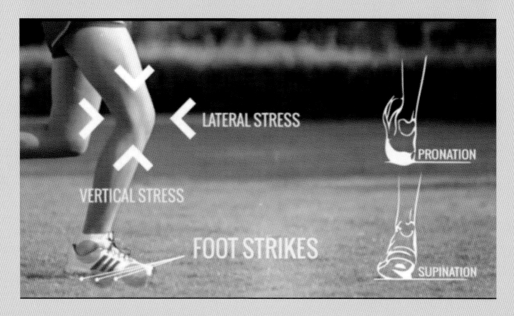

⑤　其他因素

充分的休息、心理和营养方面的支持、运动器材的保护都可以提升运动表现，预防运动损伤。比如备战马拉松比赛之前，充足的睡眠可以让我们的肌肉和神经系统得到很好的恢复和完善，合理的膳食可以提供跑步过程中足够的能量，良好的心态可以有效动员神经和肌肉系统。运动器械有时也能起到保护作用，比如对于新手来说，相同负荷下，史密斯深蹲比徒手深蹲更轻松安全些。因为徒手深蹲对下肢的力量和动作规范程度要求更高，错误的动作细节会造成关节的损伤。

三、体能训练的好处

① 利于身体健康

许多人由于工作原因久坐不动，长期下去身体机能会产生变化，如肥胖、下腰背和肩颈部位疼痛，这些症状会给我们的生活带来不同程度的影响。这时，我们应该考虑通过针对性的体能训练，促进身体健康，提高生活质量。

② 预防运动损伤

运动损伤是在活动过程当中出现的运动系统的损伤，特别是在疲劳的时候。它的本质是局部的外力超出了这个结构所能承受的最大应力，而肌肉力量和肌肉的反应速度都跟不上。此时关节的承受能力，会受到关节和周围软组织的影响。所以，如果我们针对各个关节进行稳定性和灵活性以及肌肉力量的体能训练，就会大大减少关节以及周围组织韧带损伤发生的概率，保证身体处于一个相对健康的状态，从而为跑者的训练提供保障，延长跑者的运动寿命。因为运动最怕的就是受伤，一旦受伤就会影响训练效果。

3 提高运动成效

运动的一个重要特征是要求运动者掌握基本且先进的技术，不断提高运动技术水平。作为运动能力主要素质中的力量、速度、耐力、柔韧性、灵敏性等素质可以有效提高身体运动能力的发展水平，逐步掌握一些基本技术以及先进技术，对提高运动成效起着决定作用。

有人曾就体能与运动技术、战术及成绩的关系，做过这样形象的比喻：运动成绩犹如高楼大厦，技术、战术则似构筑高楼大厦的钢筋水泥，而体能就是高楼的地基。楼房首先要打牢基础，若地基不牢，钢筋水泥竖不起来，高楼大厦也就成了空中楼阁。不同运动项目对运动者的体能有着不同程度的要求，但只有体能提高了，才能提高运动水平。

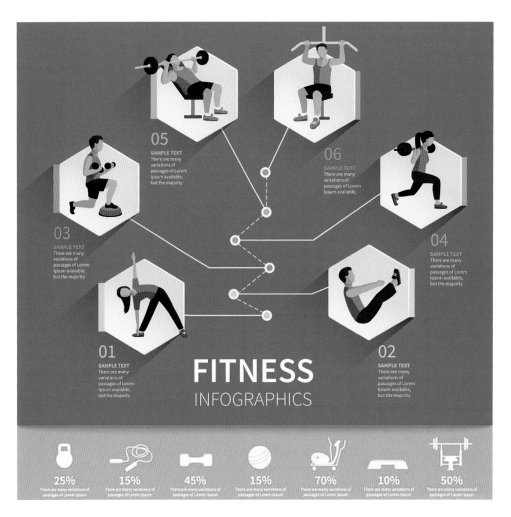

4 发展运动素质

运动素质是机体在活动时所表现出的各种基本运动能力，通常包括力量、速度、耐力、柔韧性和灵敏性等。可以根据个体从事的运动项目来分析项目需求，然后再结合自身的情况科学地制订体能训练计划。加强身体薄弱环节的训练，重点训练运动项目所需的专项体能，充分发展各项运动素质，整体提高自身的体能储备。所以，在日常的运动或健身中要多以发展各种运动素质为基本内容进行身体锻炼。

5 高负荷训练的保障

体育运动可以反映出一个人不懈奋斗的精神，甚至可以改变一个人的命运。如果想要不断地提高运动成绩，不断超越自己，就必须通过大负荷的运动训练来打破现有的稳态，不断地去刺激自己的机体。然而，只有良好的体能储备才能帮助机体适应大负荷训练、保障训练的质量以及预防因疲劳引起的运动损伤。因为训练后的酸痛和疲劳不是一般人能忍受的，而且不易恢复，严重时还会损伤机体的健康，极大地影响运动效果。

⑥ 培养健康的心态

当面对艰难的困境或决定时，我们需要依靠内心的力量来克服障碍，而意志力并不是不能改变的天性，它是一种能够培养和发展的技能。良好的体能可以帮助我们形成稳定、良好的心理素质。

跑步需要我们具备持之以恒、坚持不懈的意志品质，毕竟坚持训练是一件枯燥的事情，只有耐得住寂寞不停地让自己脱离舒适圈才能变得更强大。坚持参加体能训练，可以在锻炼身体的同时提升自信心，练就我们强大的内心，对跑步习惯的形成具有促进作用。

第二章

跑步的发动机

Ready
To
Run

我们知道汽车之所以能够跑起来，飞机之所以能飞起来，都是依靠发动机提供动力，否则就无法启动。人体就像一辆汽车，想要运动或者跑步，也需要发动机，那身体的发动机又在哪里呢？其实，我们人体的发动机就是肌肉，肌肉通过收缩舒张提供动力来源。在进行跑步之前，不妨先了解一下我们的发动机——肌肉。那么肌肉是什么？哪些肌肉和跑步最相关？想要保持完美的跑姿，哪些肌肉起作用呢？

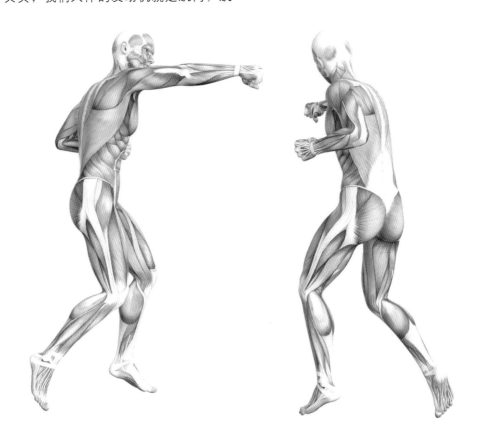

第一节
认识跑步的发动机——肌肉

人体的肌肉可以分为骨骼肌、平滑肌和心肌。骨骼肌和我们的运动最相关，主要存在于躯干和四肢，一般附着于骨头上。我们通常所说的肌肉是指骨骼肌。每块肌肉都是一个器官，除了肌组织外，还有结缔组织、血管、神经等分布。肌肉在人体上大多呈对称分布，形态和大小各异，多达600多块，人体运动中常用的肌肉约75对。成人的骨骼肌，男性约为体重的40%，女性约为35%，经过系统训练的人可以达到50%左右甚至更高。四肢肌占全身骨骼肌总重量的80%，其中下肢肌约占50%，上肢肌约占30%，这些是参与日常活动和运动最主要的肌肉。

骨骼肌由中间部分的肌腹和两端的肌腱组成。骨骼肌的两端通常分别附着在两块或两块以上的骨面上。跨越一个关节的肌肉称为单关节肌，跨越两个或两个以上关节的肌肉称为多关节肌。多关节肌比较长，能作用于多个关节，其特点为"力量性主动不足（肌力不足）"和"伸展性被动不足（柔韧性不足）"。比如大腿后侧肌群是多关节肌，跨越臀部和膝盖。人体在直立姿势时，将小腿向上提，贴近臀部，就会感到困难和力量不足，这种现象为"力量性主动不足"。

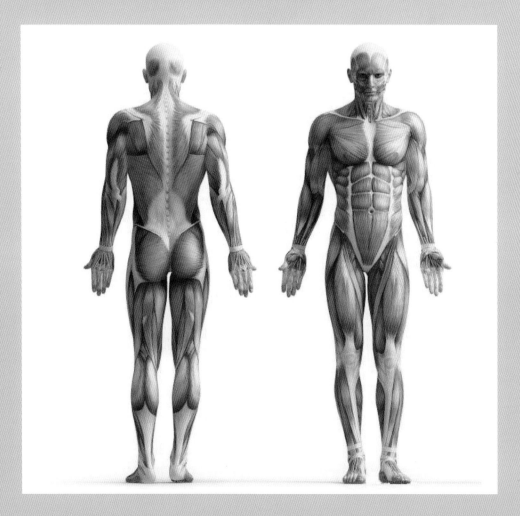

当做一个前踢腿动作时，就会感到伸展不足，不能在腿踢高时同时保持腿伸直，这种现象为"伸展性被动不足"。

任何一个动作，都是由许多肌肉在神经系统的支配下共同参与相互协作完成的。肌肉可按在动作中所起的作用不同，分为原动肌、对抗肌（拮抗肌）和固定肌等。原动肌是我们在做某个动作的时候主要发力的肌肉，而对抗肌就是与做这个动作相对抗的肌肉。比如在做屈肘动作时，使肘关节屈曲的原动肌是肱二头肌和肱肌（上臂前侧的肌肉），对抗肌是肱三头肌（上臂后侧的肌肉）。当原动肌收缩时，对抗肌会自然放松，并在动作的末尾做适当的收缩，避免关节结构受到损伤。而在这个动作中，必须固定肩胛骨（肩膀）才能使肱二头肌的肌力充分作用于屈肘中。所以固定肩胛骨的肌群就是屈肘动作中的固定肌。

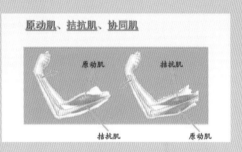

第二节
跑步的动力源

跑步的动力来源是肌肉，肌肉提供动力，带动骨骼完成相关动作。在跑步过程中，腿部的肌肉不断收缩，承受身体的重量和地面冲击力并不断前进，而上肢的不断摆动，对协调平衡整个躯干的肌肉起到稳定作用。

下面结合跑步运动，具体介绍一下相关的肌肉。

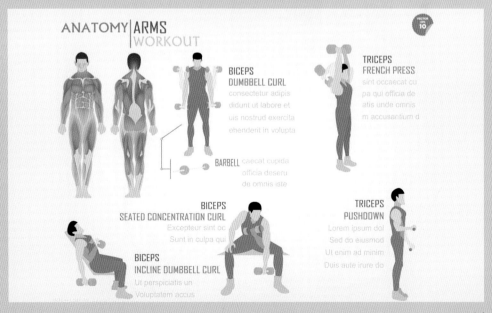

1 肩部运动

1）三角肌

部位：肩部外侧，呈三角形。

起点：锁骨的外侧段、肩峰和肩胛冈。

止点：肱骨体外侧的三角肌粗隆。

功能：使上臂外展，前部肌肉发力可使上臂屈（抬胳膊），后部肌肉发力能使上臂伸（后伸胳膊）。

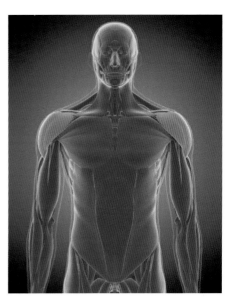

三角肌是肩部外侧的一块强而有力的肌肉，将肩膀包裹起来。三角肌前束（肩膀前面的部分）的主要作用是让胳膊向前摆；三角肌后束（肩膀后面的部分）的主要作用是让胳膊向后摆，是参与跑步摆臂的重要肌肉。

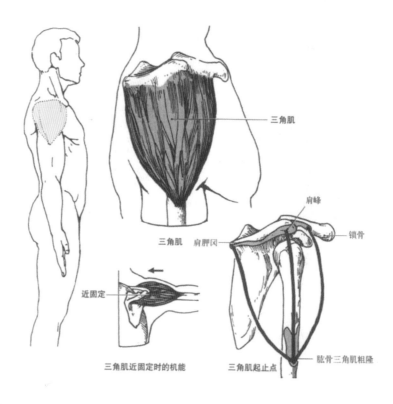

三角肌

三角肌　肩胛冈

近固定

三角肌近固定时的机能

肩峰

锁骨

肱骨三角肌粗隆

三角肌起止点

2）肱二头肌

部位：上臂前侧。

起点：肩胛骨盂上结节和肩胛骨喙突。

止点：桡骨粗隆和覆盖于屈肌总腱上的肱二头肌腱膜。

功能：使肩关节屈曲（抬胳膊），前臂屈曲（弯胳膊）。

肱二头肌是上臂最重要的一块肌肉，跨过肩部和肘部，平时我们做屈肘（弯胳膊）动作时上臂膨隆起来的就是肱二头肌。在跑步中肱二头肌起的最主要的作用是控制摆臂，在摆臂过程中维持肘关节弯曲在90度左右的位置。

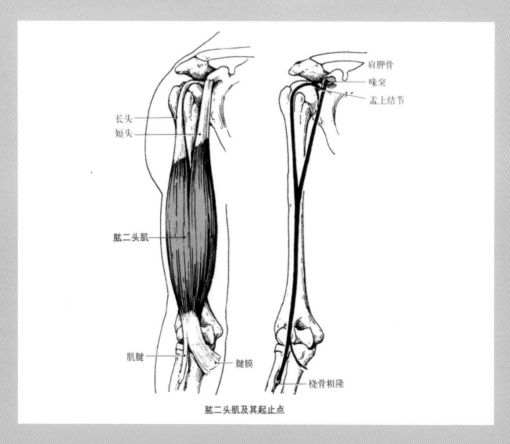

肱二头肌及其起止点

3）肱三头肌

部位：上臂后侧。

起点：起端有3个头，长头以长腱起自肩胛骨盂下结节；外侧头起自肱骨后面桡神经沟外方的骨面；内侧头起自桡神经沟以下的骨面。

止点：尺骨鹰嘴。

功能：伸肘关节（伸胳膊）。

肱三头肌同样是上臂中非常重要的肌肉，与肱二头肌形成一组拮抗肌。在跑步摆臂过程中，需要保持屈肘90度左右，这不仅需要肱二头肌发力，还需要肱三头肌发力，两者相互协调、拮抗发力，才能保持肘部弯曲。

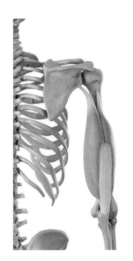

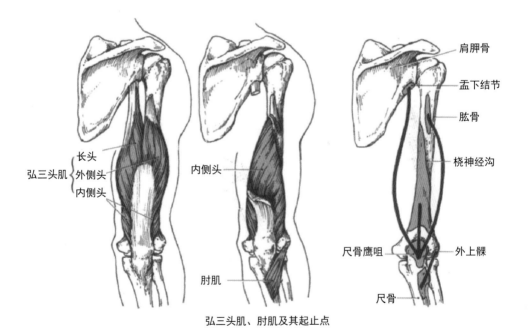

弘三头肌、肘肌及其起止点

4）胸大肌

部位：胸部前侧。

起点：锁骨内侧端、胸骨、第1～7肋。

止点：肱骨大结节嵴。

功能：使肩关节屈曲（抬胳膊）。

胸大肌是身体上半部非常重要的肌肉，参与肩部多个方向的运动，比如推东西、投掷东西等。在跑步中胸大肌也参与摆臂动作，主要用于维持肩膀以保持一定的节律运动。

 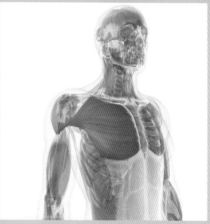

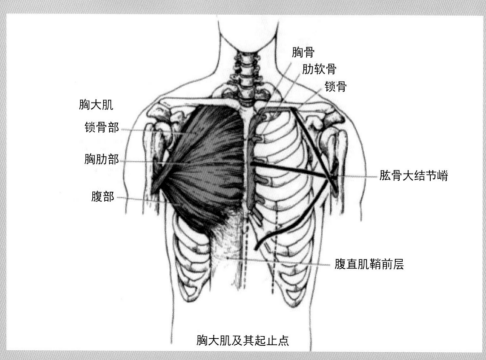

胸大肌及其起止点

5）斜方肌

部位：颈部及上背部，一侧为三角形，两侧相合为斜方形。

起点：上项线、枕外隆凸、项韧带、第7颈椎棘突、全部胸椎棘突及其棘上韧带。

止点：锁骨外侧1／3、肩峰和肩胛冈。

功能：可以使肩膀上提，耸肩。

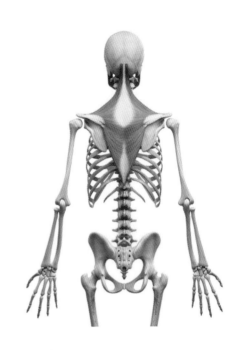

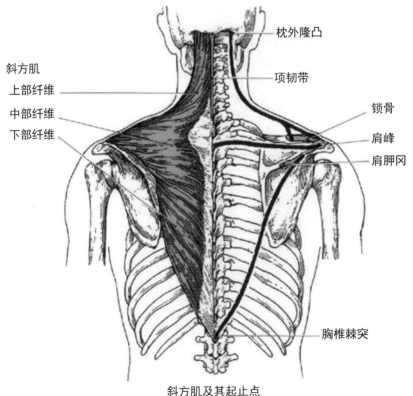

斜方肌及其起止点

6）肩胛提肌

部位：颈部两侧。

起点：第1~4颈椎横突后结节。

止点：肩胛骨内角和脊柱缘的上部。

功能：使肩膀上提，耸肩。

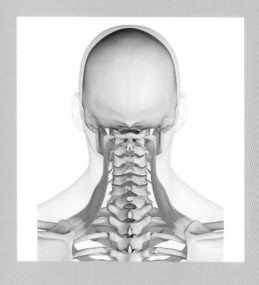

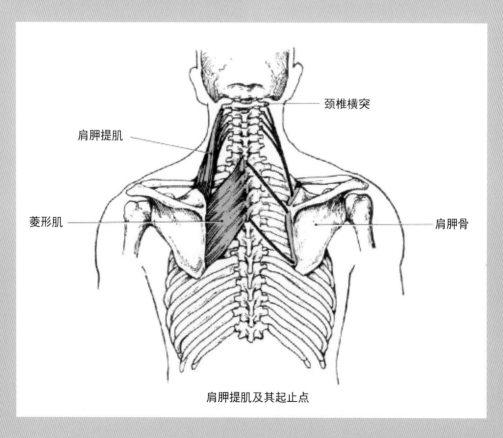

肩胛提肌及其起止点

颈椎横突

肩胛提肌

菱形肌

肩胛骨

7）菱形肌

部位：肩胛骨与脊柱之间。

起点：第6、7颈椎和第1～4胸椎棘突。

止点：肩胛骨内侧缘。

功能：使肩膀上提，耸肩。

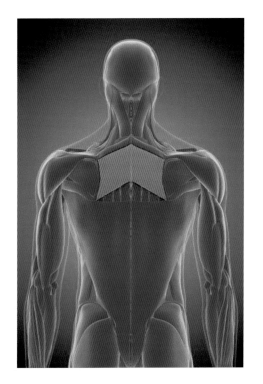

在跑步过程中，需要保持肩部的稳定。通常，随着跑步距离的增加，身体会越来越疲惫，在体力不支的时候，跑友会不自主地出现耸肩或者含胸等代偿动作，以节省体力。然而，这种代偿动作会导致肩膀和脖子不舒服或者疼痛，究其原因就是上述说到的斜方肌、肩胛提肌和菱形肌紧张所致。

② 躯干运动

1）腹直肌

部位：腹前臂正中线两侧的腹直肌鞘中。

起点：耻骨、髂嵴和耻骨联合。

止点：第5～7肋骨、肋软骨和胸骨剑突。

功能：脊柱前屈（弯腰）、脊柱侧屈（腰部侧弯）。

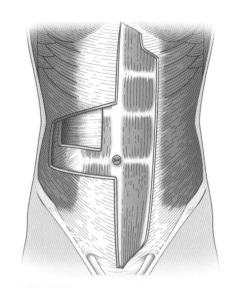

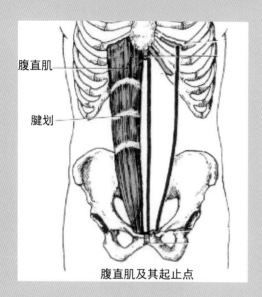

腹直肌

腱划

腹直肌及其起止点

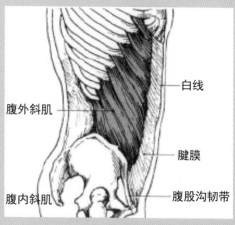

白线

腹外斜肌

腱膜

腹内斜肌

腹股沟韧带

2）腹外斜肌

部位：腹部前外侧面浅层。

起点：第5～12肋骨外面。

止点：髂嵴前部、腹股沟韧带和腹白线。

功能：脊柱前屈（弯腰）、脊柱侧屈（腰部侧弯）、向对侧旋转脊柱（对侧转腰）。

3）腹内斜肌

部位：腹部前外侧面深层，腹外斜肌深面。

起点：胸腰筋膜、髂嵴、腹股沟韧带外侧半。

止点：第10～12肋骨的内面、尺骨内侧肌线、腹白线。

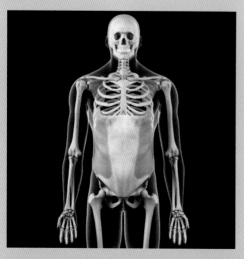

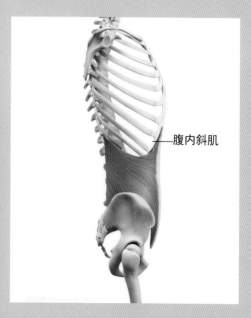

腹内斜肌

功能：脊柱前屈（弯腰）、脊柱侧屈（腰部侧弯）、向同侧旋转脊柱（同侧转腰）。

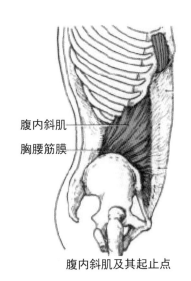

腹内斜肌及其起止点

4）腹横肌

部位：腹部深层，围绕腰腹一圈，像腰带一样。

起点：7～12肋骨内面。

止点：腹白线。

功能：维持腰部稳定和辅助呼气。

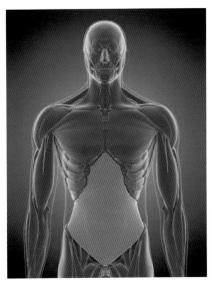

腹部这几块肌肉对于维持身体直立起到了非常重要的作用，可以平衡腰背部的力量，并保持脊柱、骨盆处于中立位，维持正常姿势；在跑步中维持脊柱、骨盆的稳定，可以防止跑步时出现腰疼、膝疼等问题，同时为持久跑步提供更好的发力支撑。

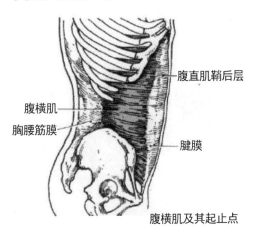

腹横肌及其起止点

5）膈肌

部位：胸腹腔之间，穹窿形扁薄阔肌。

起点：腰部起自第1～3腰椎椎体，第二腰椎横突及第12肋。肋部起自第7～12肋内面。胸骨部起自剑突后面。

止点：中心腱。

功能：人体主要的呼吸肌。吸气时收缩，膈穹窿顶下降，增大胸廓垂直径，使胸腔容积增大。呼气时放松，膈穹窿顶上升，使胸廓垂直径减小。

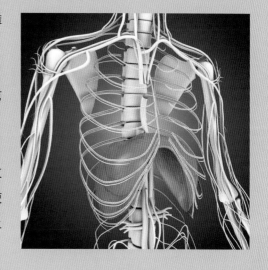

膈肌在日常生活中主要是用来帮助我们吸气的。在跑步的过程中，它不仅可以帮助我们进行呼吸交换，还可以在吸气的过程中往下给予腹部一定程度的压力以帮助稳定腰部核心；而在呼气的过程中腹部的肌肉开始收缩，再次稳定腰部核心。在整个运动过程中，都需要保持腰部的核心稳定，方便四肢的协同以及力量传导。

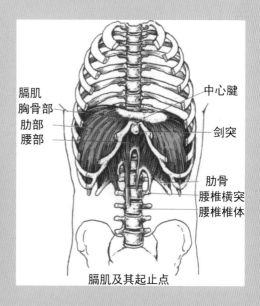

膈肌及其起止点

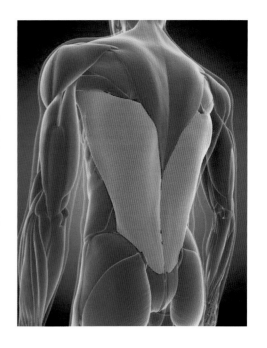

6）背阔肌

部位：腰背部和胸部后外侧。

起点：借腱膜起于第7～12胸椎及全部腰椎棘突，骶正中嵴，髂嵴后部和第10～12肋外面。

止点：肱骨小结节嵴。

功能：使上臂在肩膀后伸、内收和旋内。

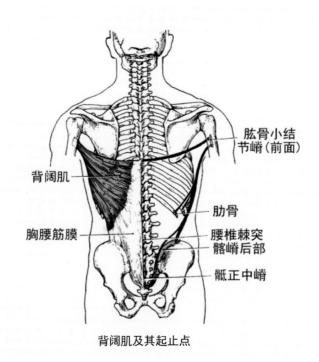

背阔肌及其起止点

7）竖脊肌

部位：纵列于脊柱两侧，是躯干背部深层长肌。由棘肌、最长肌和髂肋肌3部分组成。

起点：骶骨背面、髂嵴后部、腰椎棘突和胸腰筋膜。

止点：棘肌止于颈、胸椎的棘突，最长肌止于颈、胸椎的横突和颞骨乳突，髂肋肌止于肋骨的肋角。

功能：两侧同时发力使脊柱后伸仰头。一侧发力，使脊柱向同侧侧屈（腰侧弯）。

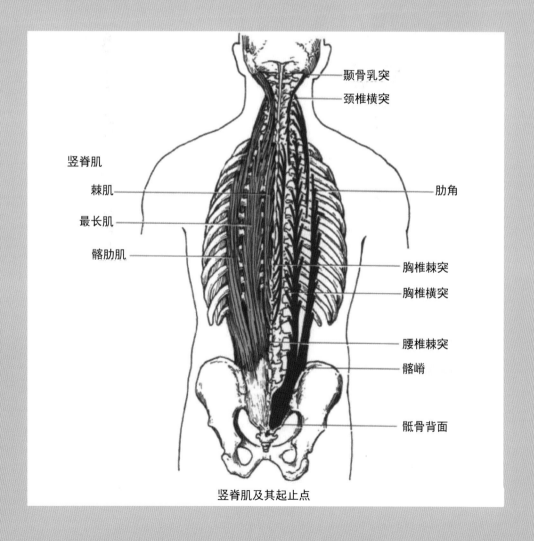

颞骨乳突
颈椎横突
竖脊肌
棘肌
肋角
最长肌
髂肋肌
胸椎棘突
胸椎横突
腰椎棘突
髂嵴
骶骨背面

竖脊肌及其起止点

8）腰方肌

部位：腹腔后侧，脊柱两旁。

起点：髂嵴后部。

止点：第12肋骨和第1～4腰椎横突。

功能：稳定腰部；一侧发力，使脊柱向同侧侧弯。

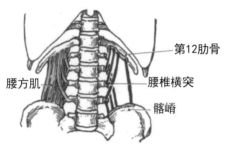

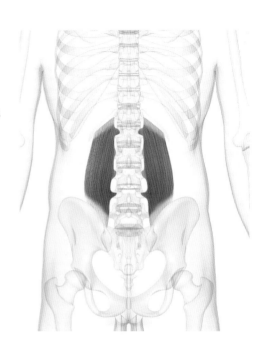

腰方肌及其起止点

3 髋膝运动

1）臀大肌

部位：在骨盆后外侧面臀部皮下。

起点：髂嵴后部，骶骨背面，骶结节韧带。

止点：股骨臀肌粗隆和经髂胫束至胫骨外侧髁。

功能：伸展、外旋髋关节，外展髋关节（上部纤维），内收髋关节（下部纤维）。

臀大肌是身体中最有力的肌肉之一，在走路或者跑步时臀大肌动态伸展髋关节，是主要的伸髋肌肉，而跳远类活动充分体现了臀大肌的有力运动。

臀大肌是我们身体最重要的"马达"，当我们向前跑动的过程中，臀大肌必须时刻交替发力帮助我们完成向前的推进。臀大肌和腘绳肌都是有伸髋功能，但是在步行的过程中，更多的是利用腘绳肌来帮助我们完成推进，只有当跑步或者登山等出现大幅度屈髋的动作时，臀大肌才会被高效地激活。长期的久坐，会直接导致我们的臀大肌变成骨盆下的一个软垫，长此以往，我们动员臀肌的能力就会变得很差，这时我们更应该去强化身体在运动中对于臀肌的锻炼和控制。

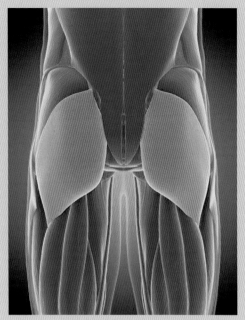

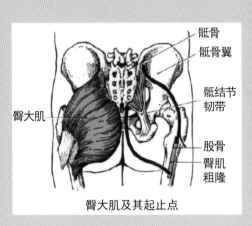

臀大肌及其起止点

骶骨
骶骨翼

骶结节
韧带

股骨
臀肌
粗隆

臀大肌

2）臀中肌

部位：臀大肌深面。

起点：前、后臀线之间的髂骨外面。

止点：股骨大转子外侧面。

功能：外展髋关节，屈曲、内旋髋关节（前部纤维），伸展、外旋髋关节（后部纤维）。

臀中肌是髋关节外展的原动肌，臀中肌的形状、纤维走向和功能类似于肩关节的三角肌。像三角肌一样，臀中肌具有多种功能，包括髋关节的外展、屈曲、伸展、内旋和外旋。臀中肌是一块有力而灵活的下肢肌肉。

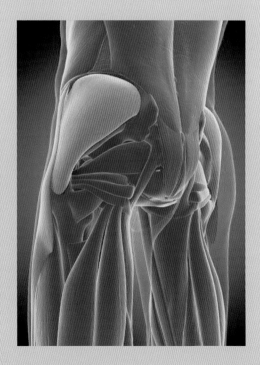

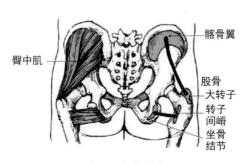

臀中肌及其起止点

站立时，髋关节由臀中肌、臀小肌和腰方肌的协同作用维持。这种作用有助于髋关节和下肢的其他结构的对称。这些肌肉无力会导致在站立、行走或跑步时，骨盆左右移动；单脚站立时，无法保持骨盆位于身体中心位置；行走时，维持前后向运动的失能会导致"鸭步"，左右摇晃；跑步时，臀中肌的无力也会呈现骨盆的左右摇摆，引起损伤。

3）梨状肌

部位： 骨盆后壁。

起点： 骶骨前面骶前孔外侧。

止点： 股骨大转子。

功能： 使大腿旋外和外展。

梨状肌是参与大腿外展和旋外的肌肉之一，当旋外的肌肉比较紧张，就会出现外八字。除此之外，梨状肌还有一个异常重要的作用，就是稳定骨盆。

梨状肌

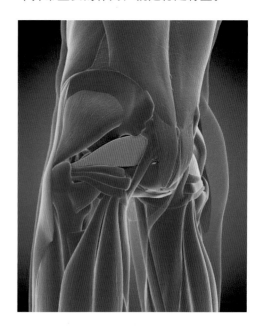

4）髂腰肌（腰大肌、髂肌）

部位：腰椎两侧和骨盆内面，由腰大肌和髂肌组成。

起点：髂窝、髂骨翼，第12胸椎至第5腰椎横突、椎体及相应椎间盘外侧。

止点：股骨小转子。

功能：屈曲（提膝）、外旋髋关节。

在做走、跑和跳这类动作时，髂腰肌会屈曲髋关节（抬膝），以及维持骨盆的稳定。但对于久坐或长期驾车的人，髂腰肌经常会短缩和紧张。因此在直立时，缩短的髂腰肌会使骨盆过度前倾从而使腰椎屈曲角度变大，压缩腰椎，出现腰椎前凸以及腰痛。

髂腰肌作为靠近我们脊柱的深层肌肉，在日常生活中起着至关重要的作用，由于其附着在腰椎上，在运动的时候可以帮助我们进行腰椎的稳定。髂腰肌从胸椎连接到大腿骨上，在运动的过程中主要帮助我们完成胸椎和下肢的相互协调和配合。最为重要的是，跑步抬腿的动作主要是靠髂腰肌来完成的。如果这块肌肉挛缩、紧张或者无力，都会导致无法发力，从而让我们的屈髋效率降低，伸髋幅度不足，影响跑步的速度。而且随着我们跑步时间的延长，大腿会出现代偿，出现过多发力，从而导致大腿会变得越来越粗。

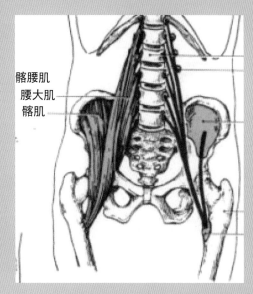

髂腰肌
腰大肌
髂肌

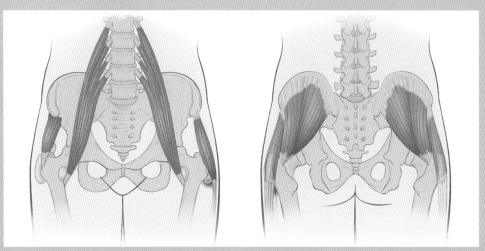

5）股四头肌

部位：大腿前侧。

起点：髂前下棘、髋臼上缘（股直肌），股骨大转子，臀肌粗隆和近端，股骨粗线外侧唇（股外侧肌），股骨转子间线和粗线内侧缘（股内侧肌），股骨干前面近侧2/3和粗线远端外侧缘（股中肌）。

止点：经髌韧带至股骨粗隆。

功能：屈曲髋关节（提膝）、伸展膝关节。

在行走和奔跑时，股直肌会使我们屈髋，同时伸膝。此时，脚与地面接触，并承受身体重量，其伸膝作用强于屈髋作用。股直肌紧张是一个普遍的问题，能导致膝关节疼痛，这种疼痛是由于髌骨关节面压入股骨沟所致，长时间压迫会磨损关节软骨，造成膝盖疼痛。股内侧肌和股外侧肌分别从内外两侧辅助伸膝，但股外侧肌往往比股内侧肌发达，这种力量的不平衡可能导致髌骨不正确的运动轨迹。具体而言，髌骨在股骨沟内被拉向外侧，髌骨可能被完全拉出股骨沟，造成髌骨脱位。

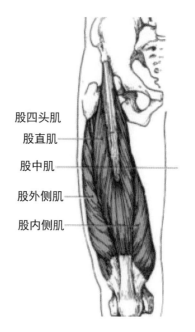

股四头肌
股直肌
股中肌
股外侧肌
股内侧肌

6）腘绳肌（股二头肌、半腱肌、半膜肌）

部位：大腿后侧，包括股二头肌、半腱肌、半膜肌。

起点：坐骨结节和股骨粗线外侧。

止点：腓骨头、胫骨外侧髁、内侧髁。

功能：伸展、外展髋关节，屈曲膝关节（弯腿）。

腘绳肌群由股二头肌、半腱肌、半膜肌组成，这些肌肉所起到的稳定作用强于它的拮抗肌（股四头肌），有助于配合臀大肌和腹直肌维持骨盆的稳定。

当下肢没有固定时，腘绳肌会使腿后伸。这个动作体现于行走或奔跑时向后摆腿。当股四头肌过强或腘绳肌群过度紧张时，运动中突然减速可能会导致腘绳肌群损伤。

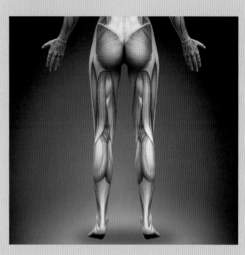

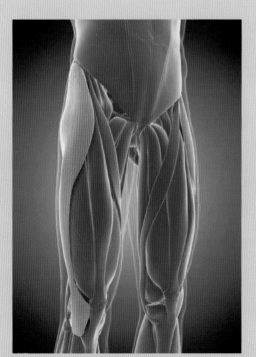

7）阔筋膜张肌

部位：大腿前外侧，包在大腿阔筋膜鞘内。

起点：髂前上棘。

止点：移行于髂胫束，止于胫骨外侧髁。

功能：使大腿屈和旋内。

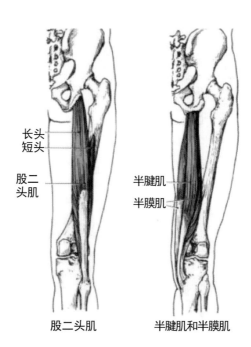

股二头肌　　　　半腱肌和半膜肌

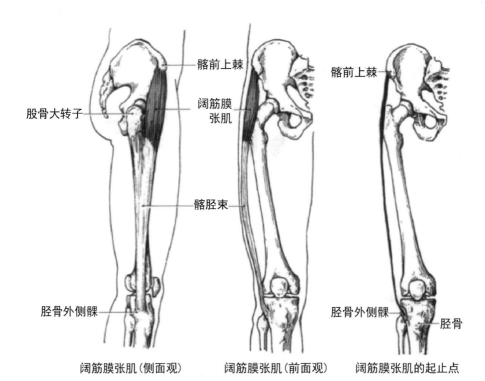

阔筋膜张肌（侧面观）　　阔筋膜张肌（前面观）　　阔筋膜张肌的起止点

8）内收肌群

部位： 大腿内侧。主要包括耻骨肌、短收肌、股薄肌、大收肌、长收肌等，向上连接骨盆，向下与膝关节相连。

功能： 大腿内收，限制站立时下肢外展，控制侧向移动和增加稳定性。

内收肌群与臀中肌是一对支撑骨盆（臀部）稳定的肌肉。如果内收肌群和臀中肌无力或者肌肉失衡，会使大腿的位置发生变化，引起下肢运动受力增加，容易导致髋关节撞击、髌骨磨损、跑步膝等损伤。

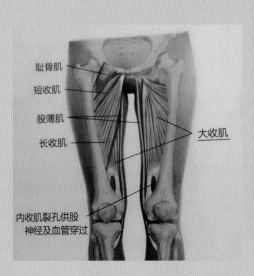

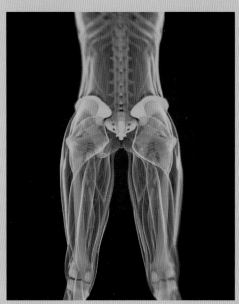

放松内收肌

4 脚踝运动

1）腓肠肌

部位： 小腿后侧浅层。

起点： 股骨内侧髁后面（内侧头），股骨外侧髁后面（外侧头）。

止点： 通过跟腱止于跟骨后面。

功能： 屈膝，踝跖屈（绷脚背）。

2）比目鱼肌

部位： 小腿后侧深层，腓肠肌的下面。

起点： 胫骨后面和比目鱼肌线，腓骨后头和近端。

止点： 经跟腱止于跟骨后面。

功能： 踝跖屈（绷脚背）。

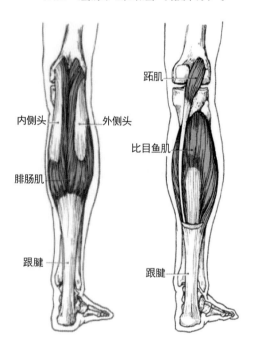

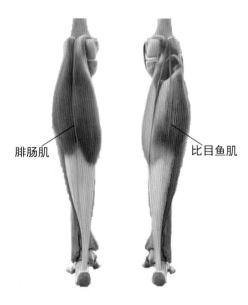

小腿三头肌由腓肠肌和比目鱼肌组成。腓肠肌位于小腿后面浅层，肌肉类型主要为快肌纤维，易兴奋、易收缩也易疲劳。这种肌纤维的分布表明腓肠肌可以在提踵、短跑和跳跃时产生爆发力。比目鱼肌位于小腿后面深层，肌肉组成中慢肌纤维多于快肌纤维。这种纤维分布表明比目鱼肌是一块耐疲劳的用于维持体位的肌肉。比目鱼肌驱动的大部分是诸如站立、行走和慢跑之类的运动。小腿三头肌紧张时容易出现下肢发沉、无力，严重时会导致小腿和脚踝疼痛。

3）胫骨前肌

部位：小腿前侧。

起点：胫骨外侧髁和胫骨近侧半及小腿骨间膜。

止点：内侧楔骨跖面和第一跖骨底。

功能：踝背屈（勾脚背），足内翻。

胫骨前肌是小腿前面一块体积较大的表浅肌。其功能因足部位置的不同而异。如果离地，胫骨前肌将脚上勾（背屈）；保持背屈位可使得步行时足跟先着地，从而使足跟从摆动位到站立位时保持最佳的减震体位。

脚固定或站立时，胫骨前肌会将小腿向前拉。在步态站立期时充分体现了这种功能：一旦足跟着地，胫骨前肌会持续收缩使重心由足后移向足前。胫骨前肌软弱或过度使用会产生刺激或导致筋膜炎，这是造成小腿前面疼痛的原因之一。

另外，胫骨前肌还有助于支撑足内侧弓。胫骨前肌腱从小腿外侧沿足背部向里绕附着于大脚趾（第一趾骨）底部。行走时胫骨前肌起着抬高足内侧弓的杠杆作用，并限制或控制足外翻。足旋前和旋后（内翻和外翻）过程中，胫骨前肌与胫骨后肌协同作用，维持足弓高度和对抗腓骨长肌。

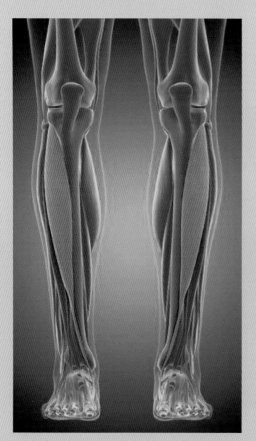

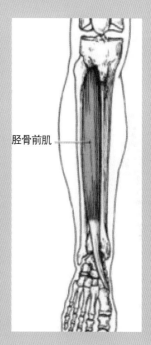

胫骨前肌

4）前足

前足中分布着非常多的小肌肉，一般称为足底固有肌，包括拇短屈肌、趾短屈肌、足底方肌、蚓状肌等。它们的作用各有不同，但是有一个共同的作用，就是帮助固定足部骨骼，让我们有效地进行肢体远端的稳定。

这个固定作用对于跑步至关重要，因为在跑步的运动周期中，总会出现单侧前足作为身体整个支撑点的时刻，这个时候，如果前足出现无力就会影响下肢的排列和受力，很多跑友出现的慢性损伤就是源于这个位置出现了功能失常。

在跑步蹬地推进的过程中，最后是由前脚掌蹬地帮助我们向前推进的。这个时候需要小腿三头肌发力来带动足踝，而在前足发力的过程中，跟骨处于悬空状态，此时与跟骨连接着的足底肌会发力来稳定住跟骨，让小腿三头肌的发力效率变得更高，跑步推进的力量才会变得更强。

前足肌肉功能的强大不仅可以帮助我们完成上述动作，还可以帮助我们增加整个足部的稳定性和感知力，提升控制脚踝的能力，防止出现崴脚。另外，在跑步过程中还帮助我们有效地完成减震等一系列的操作。

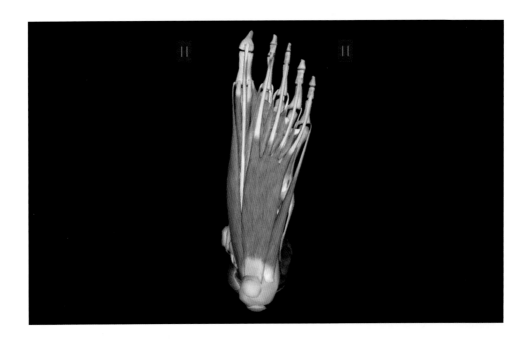

第三节

什么是肌肉失衡

在说肌肉失衡之前，我们先回忆一下本章第一节讲到的一组名词：主动肌（原动肌）和拮抗肌（对抗肌）。

主动肌与拮抗肌在人体解剖学中是非常重要的概念，在做动作的时候，发力的肌肉为主动肌，与之相对应的肌肉为拮抗肌，所以每块肌肉都可以是主动肌，也可以是其他肌肉的拮抗肌。主动肌与拮抗肌一起收缩可以维持一个姿势的稳定，当主动肌收缩的时候拮抗肌可以防止主动肌因为过度地收缩而造成损伤，拮抗肌在这个过程中类似于一个减速装置，防止主动肌突然发力或用力过猛超出了关节所承受的范围。

肌肉失衡包括主动肌和拮抗肌的力量和柔韧性失衡，既可能是由功能性原因造成，也可能是由病理性原因造成。功能性失衡的主要特征是无创伤，肌肉对复杂动作模式发生了适应性的改变。也就是说，只有在特定的情况下才会出现失衡状态，无疼痛感。病理性失衡可能有创伤，也可能无创伤，并伴随功能紊乱或不正常动作表现，可能有疼痛感。

在日常的训练中，肌肉失衡非常普遍，多数是功能性原因造成的。肌肉失衡容易引起以下几个问题。

1）身体姿势的异常

比如长期的伏案办公，使得前侧的胸锁乳突肌与后侧斜方肌肌肉失衡导致颈部习惯性前探。很多跑友跑步的时候也伴随着含胸驼背，这种姿势不仅影响我们的心肺功能，而且会引起摆臂等一系列的动作异常。

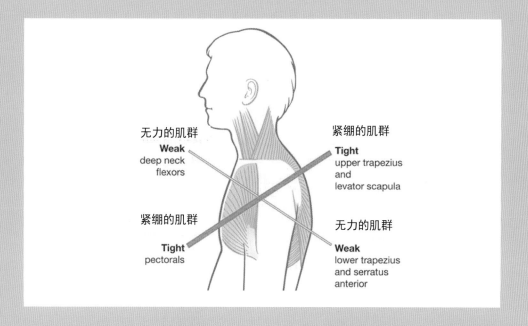

2) 引起拉伤或者肌肉疼痛

很多跑友存在肌肉失衡的问题，以膝关节为例，膝关节虽然有韧带及关节囊包裹着，但是如果没有肌肉对膝关节的支持和保护还是很脆弱的，就好比我们用手握住生鸡蛋一样，如果均匀用力就不容易捏破，一旦某个手指用力过大导致力量不平衡就会导致鸡蛋破裂。

许多跑友在做跑步体能练习时，只关注股四头肌（大腿前侧肌肉），而忽略了拮抗肌腘绳肌（大腿后侧肌肉）的力量练习，导致跑步用力屈膝蹬伸的时候，因股四头肌力量过大而腘绳肌的力量和柔韧性偏弱，造成腘绳肌的拉伤。

许多跑友在下蹲或者跑步的时候容易出现膝关节内扣的现象，这是因为股四头肌内侧力量较外侧弱。此时髌骨外侧承受的力量较内侧大，髌骨运动时容易向外移动与股骨摩擦，这也是跑步时髌骨外侧疼痛的原因。

3) 动作表现出现问题

相信很多跑友在跑步的时候，可以看到有的跑友是扭着屁股跑，有的是左右晃着跑，有的是上下踮着跑等，什么姿势都有，看着非常别扭。其实，这些都是动作表现，而且动作表现不止于此，还包括更高的运动能力、更高的运动技巧等。对于我们来说，可以简单地理解为跑起来是否自然，是否好看。

我们可以多观察世界顶级的马拉松运动员，他们跑起来身体非常协调，动作非常优美。如果我们跑步的发动机——肌肉出现两侧肌肉不平衡，就不能高效地跑步，而且长期重复错误的动作会导致身体出现损伤、疼痛。

第四节
与跑步相关的其他人体系统

一、呼吸系统

呼吸的方式主要有两种：胸式呼吸和腹式呼吸。胸式呼吸是较浅的呼吸运动，由肋间肌的收缩和舒张从而牵拉肋骨使得胸廓开合进行呼吸。腹式呼吸是由膈肌的收缩和舒张推动腹部的起伏进行的呼吸。

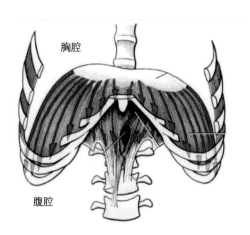

胸腔

腹腔

腹式呼吸是我们比较推崇的一种呼吸方式，这种呼吸方式能够增大腹压稳固我们的核心，在跑步中能起到很大的作用。

在慢跑时，最好是用鼻子呼吸，鼻子中的鼻毛和鼻黏膜分泌的黏液可以过滤和净化吸入的空气，使之温暖和湿润。如果用嘴大口呼吸的话，嘴中的唾液会很快地蒸发，引起口干舌燥。另外，在冬天吸入寒冷干燥的空气容易使呼吸肌痉挛产生"岔气"的现象，长此以往会引发气管、支气管炎。如果运动强度大时，可以采用鼻子吸气嘴呼气的方式，或者嘴微微张开、舌头顶上颚等各种方式来减小通气量，让空气充分地与口腔接触，尽可能地使空气变得温暖与湿润。如果出现岔气也不要慌，第一时间放慢脚步或停止跑步，将双手举起或叉腰，做一些胸部的伸展，并且在伸展的同时缓慢地深呼吸以缓解呼吸肌的痉挛。

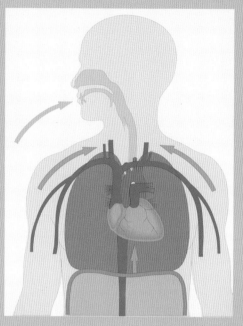

二、神经系统

神经系统是由中枢神经和周围神经组成。在我们跑步的时候，神经系统将各系统协调成为一个整体，使机体各部分与外界环境保持一个稳定平衡的状态。除了要控制腿交替运动以外，神经系统还要控制呼吸加大呼吸频率以及深度，同时对不同的路面或者障碍做出反应，比如进行躲闪以及加速减速。在跑步训练中加强神经肌肉控制的能力和本体感觉可以使各个系统合作更加协调迅速，之后在应对突如其来的情况时就可以及时地避免损伤。

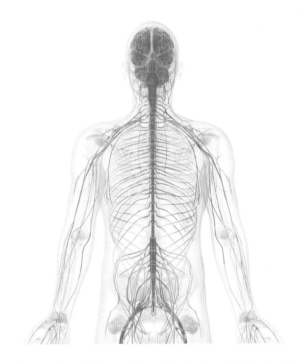

另外，跑步时的精神状态同样也会影响运动效果。精神过于亢奋或者情绪过于低落，都不能更好地调动机体运动。精神过于兴奋，特别容易出现在第一次跑全程马拉松的跑者身上，有的表现为前天晚上睡不好觉，这样容易导致身体出现各种的问题。当身体比较疲惫或者压力非常大，情绪比较低落时，不建议参加剧烈运动或者长时间的运动，此时注意力不集中，容易出现损伤。

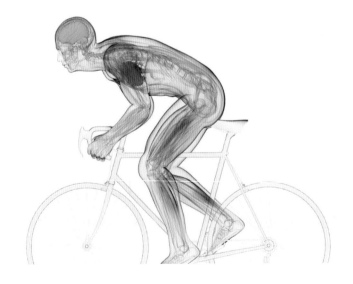

三、血液循环系统

血液循环系统是血液在体内流动的通道，分为心血管系统和淋巴系统两部分。我们通常所说的循环系统是指心血管系统，它是一个封闭的运输系统，负责血液在体内的流动。

血液在人体的含量约占体重的6%～8%，主要分布在心脏和血管中。还有一部分血液储存在脾脏、肝脏、皮肤、肺等器官中，很少参与流动。其中，参与流动的血称为循环血，不流动或者流动极慢的血称为储存血。当我们参加运动，而且运动越剧烈，就需要越多的能量供给，这时候储存血就会越多地被释放出来变成流动血。当剧烈运动缓慢停下来的时候，一部分流动血就会回到相应的脏器，变成储存血。因此，保持血液的动态平衡，对于维持健康是至关重要的。

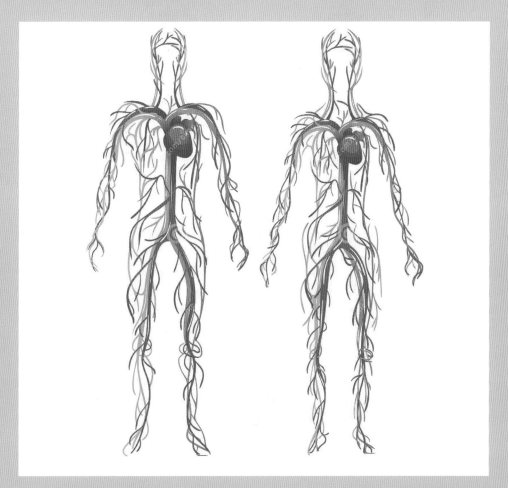

血液是氧气、营养、激素以及其他信息物质的载体，这些物质需要通过血液的运输才能到达相应的器官。因此，血液的重要作用，就是保证机体新陈代谢的进行，为我们日常的活动和运动提供能量，同时排除代谢废物。

对于跑步而言，出现了损伤，就需要修复，也就是需要血液循环保持畅通；若想要跑的时间更长、强度更高，就需要加快血液循环，能够运输更多的能源物质。

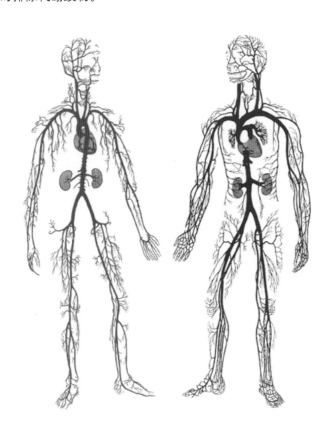

第三章

跑步热身

Ready
To
Run

很多刚开始进行跑步的人，本来并不会跑太远，却动辄花十几分钟去热身，既浪费时间又消耗体力。也有不少资深跑者，因为想要快速提升成绩，想把所有的时间都用在训练上，会不自觉地把热身敷衍过去。

不管是小白跑者或者是资深跑者，对热身的重视都是不够的，甚至，在马拉松PB训练营里，也会有人抱怨说：我们热身的时间太长了！其实一点都不长！

第一节
唤醒自己的身体

跑步是人由相对静止的状态转变成一种运动的状态，人体的各大系统、各大器官具有很强的"生理惰性"（类似我们睡觉的状态），热身能把机体从睡眠状态唤醒。试想一下，如果同一个人在睡眠状态与清醒状态下去跑步，结果可想而知的。

热身时身体温度升高，使肌肉进入最佳的运动状态，肌肉的弹性、肌肉收缩能力、反应速度和运动能力都有所提高，而且能量的供应加快，有利于提高跑步的速度和减少运动损伤。

热身能使关节腔内分泌更多滑液来减轻关节摩擦（相当于汽车换了润滑油），同时增加关节活动的范围，跑起来更流畅。

热身能使运动系统、神经系统、内脏器官和呼吸系统更快地协调工作以满足跑步需要，更快地消除生理"极点"（指正式跑步后不久出现的动作迟缓、肌肉无力、情绪低落，想停止运动的现象），提升跑步的状态和跑步的速度。

第二节
跑步专项热身三部曲

运动前都需要热身，但不同的运动项目热身的方式不同。科学的跑步热身必须充分动员运动系统、神经系统和内脏器官，提高机体的兴奋性从而使关节、肌肉、内脏、神经四者之间更好地配合，最终提高运动能力，减少运动损伤。跑步的热身必须具有针对性、整体性、专业性，应该从关节预热、肌肉激活、神经兴奋三方面来进行。

1 关节预热

人体的运动都是围绕关节展开的，要想较好地预防损伤，提高关节及周围组织的灵活性和弹性，必须激活关节。

1）跑步姿原地摆臂

训练： 原地模拟跑步时的摆臂动作，做15次摆臂；换另一只脚迈出，做15次摆臂。

要点： 肩部放松，充分伸展肩部。

2) 屈膝半蹲

训练：从站立位到屈膝半蹲，双手支撑在膝关节处，做8次，充分活动开下肢各关节即可。

要点： ①膝关节与脚尖方向一致，且不能超过脚尖。

②屈膝动作缓慢，幅度逐渐增大。

② 肌肉激活

肌肉是跑步的动力，跑步前需要把沉睡的肌肉唤醒，使之更好地工作。跑步常用的肌肉是腹部肌肉、臀部肌肉、大腿和小腿的肌肉，因此，这些肌肉也是我们需要重点激活的。

我们可以通过动态拉伸来激活肌肉，动态拉伸可以提高新陈代谢率和肌肉温度，降低肌肉粘滞度，并激活肌纤维，加快主动肌和拮抗肌之间的收缩和放松，使之更高效地做功。

1）抱膝上提

训练：身体呈站立位，一侧下肢屈膝屈髋，抬腿到腰部时，双手抱住膝关节往上提拉到关节能达到的最大范围处，感觉到被抬起的一侧臀肌和对侧髂腰肌有牵拉感，保持6~8秒，为一次，2~3次/组。换对侧重复该动作。

要点：①身体竖直，保持稳定性。

②左右重复各做3组。

2）脚后跟抵臀-手臂上伸

训练：站立位，右脚支撑，右手上伸，左侧屈膝伸髋，左手握着右侧踝关节向上拉，直到感觉左侧大腿前有牵拉感，保持6~8秒/次，2~3组。

要点：①身体竖直，保持稳定性，髋关节向前顶。

②左右交换动作，各做3组。

3）燕式平衡

训练：手臂侧平举与腿部呈90度，五指伸直手心向下，支撑腿微屈，保持背部挺直，保持臀部、膝盖和脚踝呈一条直线，直到感觉到支撑腿大腿后侧有牵拉感，保持动作6秒。

要点：6秒/次，左右交换动作，重复做3次。

4）跑步姿提膝后蹬

训练：前后脚呈弓箭步，并模拟跑步蹬地时的动作，上肢自然摆动，支撑腿伸直，摆动腿屈膝90度，点地要轻。左右交换动作，每侧做15次/组，左右各2组。

要点：激活全身肌肉。

3 神经兴奋

人体的动作一般都受神经系统的支配，神经系统的适当兴奋可以较好地指挥动作的完成，协调全身跑起来。

神经激活主要是通过短时间（一般6~8秒）高强度的快速运动迅速调节神经状态，使肌肉和神经达到高度兴奋的状态，运动器官和运动功能系统在运动中可以更好地配合。需要注意的是，在做动作时要快速才能达到效果，不过一定要控制好强度，结束后调整好呼吸，准备跑步。

1）快速反应——高抬腿

训练：8~10秒/次，2次。

要点：①身体竖直，膝关节抬至90度。②控制节奏。

2）基本运动姿式快速转髋

训练：10~15秒/次，2次。

要点：①身体竖直，面朝前方，腰部发力左右旋转。②控制节奏。

3）同步踮脚

训练： 15～30秒/次，2次。

要点： ①全身放松，调整呼吸。
②双脚同时起同时落。

到此，热身结束。跑步的热身动作主要针对四肢和躯干肌肉，并调动神经状态，掌握这9个动作，可帮助你快速进入跑步状态！

第四章

跑步如何恢复

第一节

为何跑步后一定要放松

时下跑步非常热门，跑步不仅是一种运功方式，而且还成为生活中不可缺少的一部分。对于那些热爱跑步的人事讲，无论男女老少，都称自己是一名"跑者"，但是否是一名合格的"跑者"呢？很多人在跑步结束后就匆匆回家了，或是很随意地做几个拉伸动作，就是这种很随意的行为，结果导致肌肉酸痛、紧张，久而久之会造成运动损伤。究其原因，是因为他们没有重视拉伸运动的重要性。

肌肉在运动中长时间保持紧张状态，会使肌肉弹性下降，如果得不到放松并继续跑步，会导致跑步费力甚至影响正常跑姿。此时肌肉受到微细损伤并没有及时恢复，会大大提高了劳损性损伤出现的概率，导致疼痛发生，进而造成恶性循环。所以，跑步后一定要放松！

第二节
跑步拉伸的一二三

针对跑步后的放松，根据跑步的特点，专门设计了一套系统性的拉伸动作，遵循先整体后局部的原则，一是可以牵拉身体的多条筋膜链，调整身体的平衡，节省身体能量；二是加快身体恢复，消除乳酸堆积；三是预防运动损伤。另外，系统性地拉伸，还可以达到塑形的效果，让身体线条更具美感。

一、瑜伽垫上牵拉放松

运动后，可以在瑜伽垫上做一些牵拉放松的动作，利用自身的重力结合动作本身达到充分拉伸肌肉的效果。拉伸时，动作要轻柔，直到肌肉有牵拉感，要在疼痛范围内增加关节活动度。每个动作可以保持15～30秒，重复1～2次。

1 躯干的拉伸

训练： 右腿屈曲90度，放在身体左侧，眼睛看向右手方向，保持自然呼吸，感受右侧腰背部肌肉的牵拉感；换对侧。

2 下肢的拉伸

1）臀部的拉伸

训练：右脚踝放在左膝上方，双手抱左腿，尽量靠近胸部，保持自然呼吸，感受右侧臀部肌肉的牵拉感；换对侧。

(a)

(b)

2）牵拉内收肌群

训练：两脚掌相对，腰背竖直，身体前倾，双肘用力按压双膝，保持自然呼吸，感受大腿内侧肌群的牵拉感。

3）牵拉腘绳肌

训练：左脚放在右大腿内侧根部，腰背竖直，勾脚，身体前倾，双手尽量往前伸，膝关节伸直，保持自然呼吸，感受左大腿后侧肌群的牵拉感；换对侧。

（a）

（b）

4）牵拉髂胫束

训练：右腿屈曲，左腿向后伸直，腰背竖直，身体前倾，保持自然呼吸，感受右侧臀部的牵拉感；换对侧。

(a)

(b)

5）牵拉股四头肌

训练：双膝跪地，身体后仰，双手撑地，挺髋，保持自然呼吸，感受大腿前侧肌群的牵拉感。

（a）

（b）

6）牵拉髂腰肌

训练：左腿弓步姿势，右膝着地，腰背竖直，挺髋，保持自然呼吸，感受右侧髂腰肌的牵拉感；换对侧。

7）牵拉小腿三头肌

训练：右膝微屈，左腿伸直，勾脚，腰背挺直，双手尽量触地，保持自然呼吸，感受左小腿后侧肌群牵拉感；换对侧。

③ 上肢的拉伸

1）牵拉三角肌中后束

训练：左肘在外，紧扣右肘，用力向左拉伸，保持自然呼吸，感受牵拉右三角肌中后束感；换对侧。

(a)

2）牵拉颈肩部

训练：吸气，双手交叉，上撑，两臂夹耳，力在掌根，保持自然呼吸，肩部放松，感受脊柱向上拔伸；呼气，沉肩，垂肘，松腕，放松。再来一次，吸气，双手交叉上撑，两臂尽量夹耳，保持自然呼吸，肩部放松，感受脊柱向上拔伸感；呼气，沉肩，垂肘，松腕，放松。

(b)

拉伸时，可以按躯干、下肢和上肢的顺序进行。本套动作建议每次运动后进行，每个动作做15～30秒，然后再根据自己的身体情况，拉伸身体其他部位。

二、站立位有支撑拉伸放松

如果身边没有瑜伽垫，可以找一个栏杆或支架甚至是一堵墙辅助完成以下动作。需要注意，身体呈站立位，全身放松，自然呼吸。每个动作，牵拉15～30秒，重复1～2次。

特别提醒：系统性拉伸强调整体性和对称性，在拉伸过程中一定要按照顺序拉伸，一定要保持身体在中立位，确保身体的对称。

⊡ 躯干的拉伸

训练：左手抓住椅背，屈髋屈膝，重心偏向右后方，依靠身体重力拉伸肌肉，保持自然呼吸，感受左侧腰背部肌肉的牵拉感；换对侧。

② 下肢的拉伸

1）牵拉髂胫束

训练：左手抓住椅背，左脚放在右脚右侧，重心放在右脚上，右手上举，掌心向上，身体向左侧弯，髋部向右挺，保持自然呼吸，感受右侧髂胫束的牵拉感；换对侧。

2）牵拉内收肌群

训练：左手抓住椅背，双脚站立，两倍肩宽，脚尖向外，缓慢下蹲，保持自然呼吸，感受大腿内侧肌群的牵拉感。

3）牵拉臀部肌肉

训练：双手抓住椅背，左脚支撑屈髋屈膝下蹲，右脚踝置于左膝上，重心向

后，保持自然呼吸，感受右侧臀部肌群的牵拉感；换对侧。

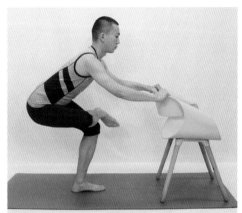

4）牵拉髂腰肌

训练：右弓步站立，左膝着地，腰背竖直，挺髋，保持自然呼吸，感受左侧髂腰肌的牵拉感；换对侧。

5）牵拉股四头肌

训练：双手抓住椅背，右脚支撑，左脚背置于椅背上，挺髋，保持自然呼吸，感受大腿前侧肌群的牵拉感；换对侧。

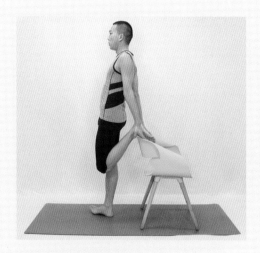

瑜伽砖上，右腿伸直，挺髋，保持自然呼吸，感受右小腿后侧肌腹部位的牵拉感，保持15秒，然后右膝屈曲，感受右小腿后侧肌腱部位的牵拉感，保持15秒；换对侧。

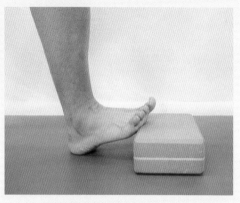

6）牵拉腘绳肌

训练：右脚支撑，左脚置于椅背上，腰背竖直，勾脚，身体前倾，双手尽量向前伸，保持自然呼吸，感受左大腿后侧肌群的牵拉感；换对侧。

8）牵拉胫骨前肌

训练：双手抓住椅背，左脚支撑，右脚背外侧着地，保持自然呼吸，感受小腿前侧、脚踝的牵拉感；换对侧。

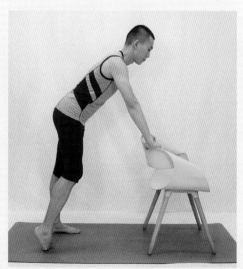

7）牵拉小腿三头肌

训练：左脚支撑，右脚前脚掌置于

三、站立位无支撑拉伸

当身边没有栏杆和瑜伽垫与辅助器械时，可在水平地面上做以下动作拉伸全身肌肉，每个动作静态拉伸15～30秒，以充分感到牵拉并适应该刺激为准。

1 下肢的拉伸

1）拉伸髂腰肌

训练：腰背竖直，保持身体稳定，髋关节向前顶；感受腰腹沟处有牵拉感，左右交换动作，各做2次。

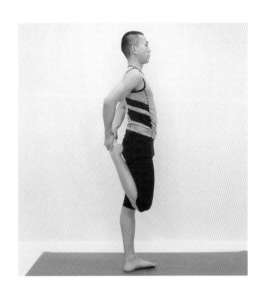

2）拉伸股四头肌

训练：左脚支撑，右腿屈膝，双手可抓住右脚踝。感受大腿前侧有牵拉感；左右交换动作。

3）拉伸臀部肌肉

训练：支撑腿后撤，身体前倾，骨盆中正，呈站立位"4"字腿下压；左右交换动作。

4）拉伸腘绳肌

训练：左膝关节伸直，右膝弯曲，

双手抓住脚尖或尽力向前伸腰背保持竖直，并勾脚；左右交换动作，15秒/次，做2～3次。

5）拉伸髂胫束

训练：重心在左后脚上，身体尽力向对侧倾，直到感到左侧大腿外侧有牵拉感；左右交换动作。

6）拉伸胫骨前肌

训练：右脚支撑，左脚脚面触地，重心前移，感到小腿前外侧有牵拉感；左右交换动作，重复两次。

7）拉伸小腿三头肌

训练：身体竖直，髋部向前顶直到感到小腿后部有牵拉感；左右交换动作，重复。

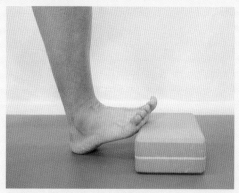

② 上肢的拉伸

训练： 肩部放松，力在掌根；向上拔伸，伸展脊柱。

拉伸时，可以按躯干、下肢和上肢的顺序进行。本套动作建议每次运动后去做，每个动作做15~30秒，然后再根据自己的身体情况，拉伸身体个别部位。

第三节
别让肌肉筋膜打结

筋膜是贯穿于全身包覆在肌肉外层的纤维组织，它像肌肉一样会收缩与放松，但是不受意识控制，而受张力或化学物质刺激。如果不当的刺激一直存在（如长期姿势错误），筋膜会持续收缩，无法放松，久而久之会影响肌肉功能，进而打结产生紧绷感和疼痛感。筋膜放松常用于肌肉在反复收缩后出现引起疼痛的扳机点，促进血液循环、放松肌肉，缓解疼痛。

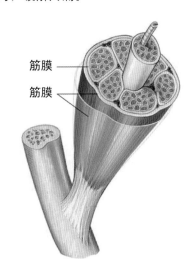

泡沫轴、按摩棒或按摩球不仅能延伸肌肉，还能拆散软组织粘连和疤痕组织。当练习者利用自身体重使泡沫轴在肌肉上产生一定压力时，肌肉张力就会增加，肌腱受到刺激而产生兴奋，冲动沿着感觉神经传入中枢，从而放射性地引起肌肉的舒张进而达到放松肌肉的效果。

在热身和放松部分，通过泡沫轴进行有效的放松可以降低肌肉的粘滞性，减少肌肉僵硬，增强肌肉的弹性；同时可以伸展训练后缩短的肌肉，加速运动后的恢复；在消除肌肉紧张的同时还能有效地加强核心肌肉力量及身体的灵活性和平衡性。

止点的滚动；人体是一个立体的结构，在滚泡沫轴时要充分照顾肌肉的各个维度（前、内、后、外）；滚动的时间持续在20~30秒；不要在颈部和下腰背部滚动泡沫轴。

在做下面的动作之前，要注意：在滚泡沫轴时，将更多的时间用于肌肉起

1 躯干的放松

1）上背部

训练：从背部中央滚至腋下位置。

要点：自然均匀呼吸，上背部有轻微酸痛感。

2）胸腰筋膜

训练：从一侧肩胛骨滚至对侧骨盆顶端，呈X型滚动。

要点：自然均匀呼吸，背部有轻微酸痛感。

3）背阔肌、大圆肌

训练： 侧卧姿势从背阔肌下方滚至腋下。

要点： 自然均匀呼吸，背阔肌、大圆肌有轻微酸痛感。

2 上肢的放松

1）胸大肌、三角肌前束

训练： 俯卧姿势，手臂先135度向斜上方伸直，泡沫轴置于胸前，向腋下滚动。

要点： 自然均匀呼吸，胸大肌、三角肌前束有轻微酸痛感。

2）肱三头肌

训练：泡沫轴置于腋下，向肘关节滚动。

要点：自然均匀呼吸，肱三头肌有轻微酸痛感。

3 下肢的放松

1）臀大肌

训练：臀部充分坐在泡沫轴上，双腿采用一个较为舒适的姿势，根据肌肉的走向有针对性地进行放松。

要点：自然均匀呼吸，臀大肌有轻微酸痛感。

2）臀中肌和梨状肌

训练：双手支撑身体，泡沫轴在臀大肌下缓慢滚动，并找寻痛点。

要点：自然均匀呼吸，臀中肌和梨状肌有轻微酸痛感。

3）阔筋膜张肌和髂胫束

训练：大腿外侧置于泡沫轴上，缓慢滚动。

要点：自然均匀呼吸，阔筋膜张肌和髂胫束有轻微酸痛感。

4）大腿内收肌群

训练：保持身体平衡，沿着内收肌滚动。

要点：自然均匀呼吸，大腿内收肌群有轻微酸痛感。

5）股四头肌

训练：双腿放松，脊柱保持中立位，双肩前后发力带动身体滚动。

要点：自然均匀呼吸，股四头肌有轻微酸痛感。

6）腘绳肌

训练：双手撑地维持身体平衡，髋部发力，泡沫轴在大腿下方缓慢流动。

要点：自然均匀呼吸，腘绳肌有轻微酸痛感。

7）小腿三头肌

训练：双手撑地维持身体平衡，髋部发力，泡沫轴在小腿下方缓慢流动。

要点：自然均匀呼吸，小腿三头肌有轻微酸痛感。

8）胫骨前肌

训练：双手撑地，髋关节稍内旋，在小腿前侧滚动。

要点：自然均匀呼吸，胫骨前肌有轻微酸痛感。

第四节
马拉松赛后恢复的黄金指南

马拉松被越来越多的人所喜爱，它充满着无限的挑战，是人们自我超越的一种方式。但在马拉松比赛后，身体的肌肉、肌腱、韧带都会受到细微的损伤，机体的免疫系统也会受到影响，在一定的时间内，免疫力会出现下降。马拉松比赛对于机体造成的"疲劳"很深，所以马拉松比赛结束后尽早进行全方面、科学的恢复，可以帮助我们快速有效地消除疲劳，减少各种跑后不适，还可以在一定程度上降低运动损伤发生的概率。接下来，为大家分享马拉松赛后恢复的黄金指南。

一、马拉松赛后恢复的五大招式

第一式：寒冰掌

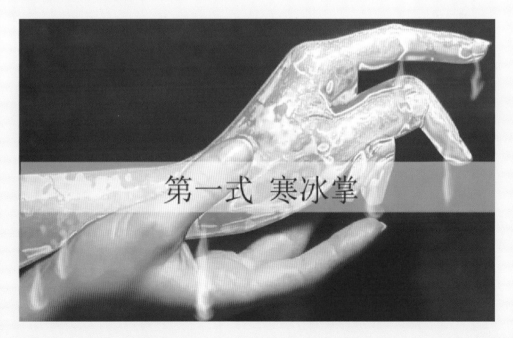

原理：长时间跑步对肌肉也是一种细微损伤，冰敷可使局部血管收缩、血液循环减少，从而降低组织新陈代谢率，抑制炎性反应。

心法：赛后即刻或者最迟在30分钟内使用冰块或者冰棍等在大腿和小腿处进行3～5分钟的冰按摩。

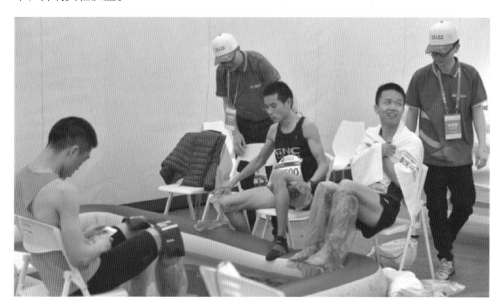

第二式：易筋经

原理：长时间跑步使肌肉处于长时间收缩状态，进行拉伸运动能将肌肉拉长恢复原状，有利于肌肉恢复，缓解疲劳。也可以配合筋膜枪或者泡沫轴，能起到事半功倍的效果。

心法：马拉松赛后拉伸需要遵循小幅度、多次、长时间的原则。

第三式：乾坤大挪移

原理：长时间跑步后身体会产生许多代谢废物，通过冷热交替法刺激使血管一张一缩，从而使代谢产物、乳酸等随血液流动而排出。

心法：回家后，先用冷水冲洗大腿、小腿3～5分钟，然后在浴缸中用热水浸泡5～10分钟，反复6～8次。

家里没有浴缸的，可以直接用冷热水交替冲洗，冲洗时间相对延长即可。

如果有条件的可以去泡温泉。先用冰块按摩大腿、小腿，再进入没过大腿的温泉里来回走动，循环6～8次。

第四式：吸心大法

原理：长时间跑步对身体能量的消耗很大，尤其是糖类，跑后及时补充非常重要。

心法：饮食，是马拉松赛后非常重要的补充计划，而最重要的就是从赛后开始按照比例，循序渐进地补充糖类。补充原则是4∶1（通俗理解是四两面一两瘦肉）。多吃面食的时候，适当吃些水果和蔬菜。

第四式 吸心大法

第五式：黄金搭档

原理：长时间跑步会导致肌肉、毛细血管的细微损伤和关节磨损。人体组织的恢复需要足够的营养物质，因此人体的新陈代谢和营养物质的补充非常重要。尤其是关节软骨的修复，因为其本身血液循环就比较差，更需要及时地补充。其中，氨糖是关节软骨的重要成分，大运动量后会导致氨糖的流失。

第五式　黄金搭档

心法：马拉松赛后即刻涂抹氨糖（凉型），可以配合按摩涂抹。涂抹下肢，尤其是大腿前侧、小腿窝以及小腿后侧。这样不仅能够促进疲劳恢复，还能够对软组织修复，尤其是关节软骨的修复起到至关重要的作用。

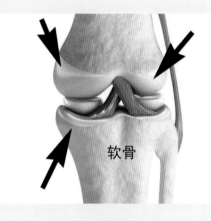

软骨

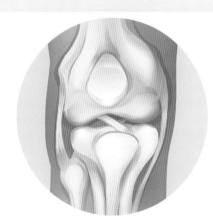

正常关节

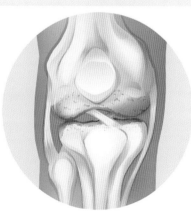

磨损关节

备注：氨糖一般分为口服类和外涂类两种。建议使用外涂类的氨糖，因为这类氨糖吸收快能够很快看到效果。

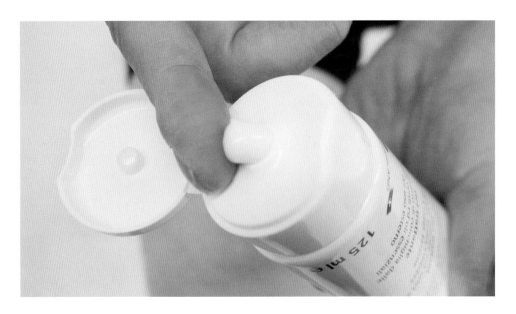

二、赛后恢复方法

第一式（0～24小时）

1. **赛后即刻**

3～5分钟的冰按摩（从大腿到小腿），系统性拉伸一遍（每个动作幅度要比平时小，每个动作持续时间逐渐增加）（具体动作可参考本章第二节内容），第一式与第二式循环3次。

冰按摩后可以涂抹氨糖，建议比赛当天每隔1小时涂抹一次，睡觉前再涂抹一次。

2 赛后1小时

肌筋膜放松：放松臀部肌群、大腿后侧肌肉、小腿肌肉、大腿前侧肌肉（具体动作可参考本章第三节内容）。

操作原则：向心原则、力度轻柔、动作缓慢。

备注：筋膜放松的时候可以涂抹氨糖作为介质，以更快促进恢复，缓解肌肉疼痛。

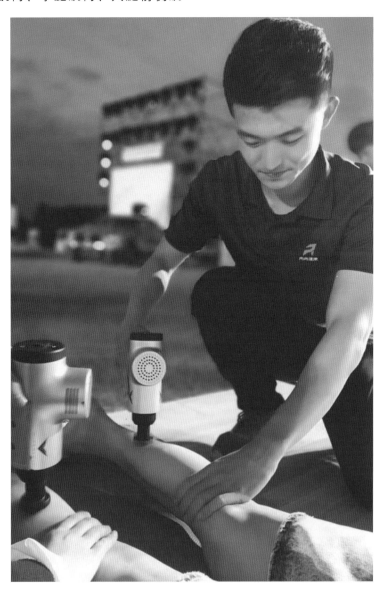

3 **6～8小时**

用冷热水交替冲洗大腿和小腿，冷水3分钟，热水3～5分钟，交替6～8次。

第二式（24～48小时）

（1）游泳30分钟或慢跑30分钟（可促进肌肉主动收缩，静脉回流，主动代谢肢体杂质，促进机体自我恢复）。

（2）系统性拉伸2遍，每遍15分钟（可缓解肌肉紧张，促进肌肉收缩，加速恢复，具体动作可参考本章第二节内容）。

拉伸顺序：臀肌—大腿内收肌—腘绳肌—小腿三头肌—髂腰肌—股四头肌—胫骨前肌—脚踝。

（3）冷热水交替（30分钟）：水温（冷水≤20℃，热水≥36℃），时间（冷热水1～2分钟，交替），交替5～8次，累计15～20分钟（代谢废物，冷热的交替刺激使血管一张一缩，使代谢产物、乳酸等随血液流动而排出）。

肌筋膜放松：20分钟（具体动作可参考本章第三节内容）。

外涂氨糖：建议早中晚各涂抹三次，可配合筋膜放松或者拉伸进行。

第三式（48～72小时）

慢跑：慢跑30分钟，身上微微出汗，切记强度过大。

拉伸：系统性拉伸1遍，每个动作保持时间略长，中等强度，有明显的拉伸感。

拉伸顺序：臀肌—大腿内收肌—腘绳肌—小腿三头肌—髂腰肌—股四头肌—胫骨前肌—脚踝。

游泳：游泳20～30分钟，一定要放松游，全身放松缓慢游，缓慢的像鱼儿在水中一样，切记强度不要过大。

热敷：热敷大腿和小腿，10～15分钟。

肌筋膜放松：放松20分钟，有点强度，稍微有点疼痛感。

涂抹氨糖：双下肢涂抹2遍，感觉比较酸痛的地方可以多涂抹一些。

第五章

跑步专项体能训练

Ready To

Run

第一节
什么是跑步体能

简而言之，跑步体能就是针对跑步所需的体能素质。体育运动有很多种类，同样都是体育运动，但是不同的运动项目在体能训练中有着天壤之别。举个例子，马拉松和短跑都是跑步，两者的区别是：马拉松距离较长、持续跑动时间较长、动作频率持续缓慢、速度相对于短跑来说较慢、Ⅰ型肌纤维贡献较大，机体动用的供能系统以有氧代谢为主，对于机体的肌肉耐力及心肺功能要求较高；短跑距离较短、持续跑动时间较短、动作频率较快、速度较快、Ⅱ型肌纤维贡献较大，机体动用的供能系统以无氧供能为主，对于机体的爆发力、协调能力要求较高。通过对这两项运动特点的分析，可以发现同样是跑步，比赛规则中简单地改变一下总距离，这其中就会发生很大的变化，你不能用同样的训练方式来进行这两项运动的训练，更不能相互混淆概念。

当然，很多跑者可能认为只要有足够的耐力训练就可以了，实际并非如此。大家都知道人体是一个很精妙的机器，看似一个非常简单的动作，从开始到结束，这其中却包含了一系列的密切配合，需要大脑皮层作出指令，释放信号顺着神经纤维到达指定的位置，通过动作电位的形成而促使肌肉产生收缩，从而形成一个动作。比如跑步摆臂和抬腿蹬地向前这一简单的动作，其中就有很多身体能力的体现，如果你协调能力不好，手脚的配合看起来就比较僵硬；如果你核心控制不好，在跑动中躯干就会过度摇晃；如果你力量不足，跑起来就会很沉重；如果你柔韧性不好，跑步经济性就较差。久而久之，上述的情况累积不但不会使你进步，反而会让你肌力失衡、身体僵硬甚至关节疼痛，浇灭你跑步的欲望及自信。

所以，要想让自己体能充沛，跑步能力提升，只练习某一项身体素质是完全不够的。科学的体能训练，不仅让你跑得更快、跑得更远，还能保障你一生都健康地跑下去。

体能训练中

第二节
心肺耐力——跑起来不喘气

一、心肺耐力是什么

心肺耐力是指一个人持续身体活动的能力，是心脏、肺、血管与组织细胞有氧能力的评价指标。拥有良好的心肺耐力，就好像拥有一台性能优良的发动机。因为跑步是一项持续性、有强度的运动，机体心肺耐力越好，那么心肺和血管对氧气的运输和营养物的分配能力就越强，从而使机体持续运动。

从健康的角度来看，拥有良好的心肺耐力还可以避免心血管疾病、内分泌系统疾病、呼吸系统疾病的发生概率，

提高平日的工作效率和生活质量。从运动的角度来讲，对于长时间的持续运动，心肺耐力越强，机体产生疲倦的速度也就会越慢。抛开其他因素的影响，一般来讲心肺耐力越好，跑步的成绩就越好，跑步能力的提升也会促进心肺耐力的提高，两者相辅相成。

有氧耐力训练是发展跑者心肺耐力的传统训练方法。所以在很多跑友心中，往往有一个根深蒂固的传统观念，即跑得越多越好，但却忽略了训练的质量。这是一个需要努力改变的观念，因为高质量的训练可以留给跑步爱好者充分的恢复时间，使得训练经济效益更佳，让身体更强壮。

现在有越来越多可以参考的有氧训练方法，但要想有效地提高有氧能力，还需要依靠科学系统的训练，使跑友的

机体处于高度应激的状态，以更快的速度通过更长的距离，而不是毫无目的地去追求跑量。虽然笔者并不反对累积跑量这种训练方式，但是这种训练方式不仅枯燥乏味，而且随着时间的推移，机体会累积疲劳，关节、肌肉和韧带遭受运动损伤的风险会增大，并且训练效果也不会有很大的提升。

二、运动强度的控制

有氧代谢供能是指在有氧的条件下，能源物质氧化分解生成二氧化碳和水，同时释放能量的供能过程。有氧代谢供能需要大量的氧气，所以除了运动时间长以外，还要求降低运动强度，并且间歇时间也需延长。

一般在进行心肺耐力训练时，需要通过自己的心率来监控运动的强度，因为心率和最大摄氧量之间有着密切的关系，是有氧运动中控制运动强度使用最多的参数。

⓵ 卡沃宁方法控制运动强度

卡沃宁方法如下。

靶心率=（220－年龄－安静时心率）×运动强度+安静时心率

训练强度区间：恢复性训练60%～70%；有氧训练70%～80%；无氧训练80%～90%。

举个例子：王哥今年30岁，安静时心率为70次/min，由于长时间没运动，现在要进行恢复性的训练。那么我们可以通过卡沃宁方法来计算出王哥在运动时的心率把控范围，（220－30－70）×恢复性训练的强度区间+安静时心率，就可得出王哥运动时的心率应控制在142～154次/分之间。

⓶ 根据最大心率百分比来控制耐力的训练强度

靶心率=（220－年龄）×运动强度

区间一：65%～75%（恢复性训练、低强度有氧练习、热身）。

区间二：80%～85%（接近于无氧阈强度，有效提高无氧和有氧耐力）。

区间三：86%～90%（接近于最大强度，通常用于间歇训练）。

3 MILLER公式（针对跑步运动的最大心率的计算方法）

HRmax = 217 − (0.85 × 年龄)

30岁的跑步精英 HRmax − 3

50岁的优秀跑者 HRmax + 2

55岁的优秀跑者 HRmax + 4

三、心肺耐力的训练方法

1 长距离训练法（LSD）

距离长、速度慢是长距离训练法的一大特点，跑步距离一般比比赛距离远，训练的时间一般至少持续30分钟甚至两个小时。LSD的强度大约等于最大摄氧量的55%～60%或者最大心率的70%～80%。这种强度和时间是"聊天运动"的特色，即跑者在呼吸没有困难的情况下可以边跑边聊天。

LSD训练法的主要生理益处包括：促进心血管与体温调节的功能，改善线粒体的能量制造与骨胳肌的氧化功能，增加脂肪作为能量的利用率而节省肌糖原，提高乳酸清除能力而改善乳酸阈值的强度。

跑步爱好者通常每周安排1~2次持续跑的训练，有效进行这种长距离的训练可以培养跑者在更长距离中运动的能力，还可以提高高水平比赛的准备能力。当然对于优秀跑者而言，仅仅进行简单的训练却没有明确的目标，就是在浪费时间。一般情况下，跑者应该先以有氧强度跑够一定的公里数之后，再以比赛的强度跑动。如果跑者在开始训练时就按比赛强度进行，那么机体产生的疲劳可能会影响训练任务的顺利完成或者引起一些跑步技术变形，而这种变形则容易增加运动损伤的风险。

为了预防过度训练和机体疲劳的出现，两次LSD的训练要均匀地分布在一周的两天，保证在两次训练课之间机体得到充分的恢复。比如说在同一周内，周二和周六进行LSD训练。如果是资深跑者，那么至少有一次要接近马拉松距离。

[2] 速率节奏训练法

乳酸阈是人体的代谢供能方式由有氧代谢为主开始向无氧代谢为主过渡的临界点。人体在逐渐增加运动负荷时，血乳酸浓度随运动负荷的增加而增加，当运动强度达到某一负荷时，血乳酸浓度急剧上升的开始点，称为乳酸阈。

速率节奏训练法的运动负荷，可以使血乳酸浓度达到乳酸阈值，因此这种训练方式也常被称作阈值训练法，或者有氧/无氧间歇训练法。速率节奏训练法又分为两种：稳定的速率节奏训练法与间歇的速率节奏训练法。

稳定的速率节奏训练法是持续采用等于乳酸阈值的强度，持续20～30分钟，目的是用特定强度对运动员施压，以改善有氧代谢与无氧代谢的能量产生。

间歇的速率节奏训练法也称节奏间歇训练，在进行这种训练时，其强度与上一种训练法的阈值强度相同，其训练课包含一系列在训练回合之间的短暂间歇，需要注意的是，在进行这种训练时要避免超过预先设定的强度。如果训练看起来非常容易，最好是增加训练的距离，而非提高训练强度。这种训练法的主要目标是发展比赛时速率和节奏感，以及促进机体系统维持该节奏的能力。

速度节奏训练法的肌纤维动员模式与比赛所需的相同，但这种训练方法的训练时间要比比赛的时间短，强度高。高强度和快速度训练过程中需要较高的呼吸压力，所以从这种形式的训练中可获得的益处是：有效改善跑步的经济性和提高乳酸阈值。

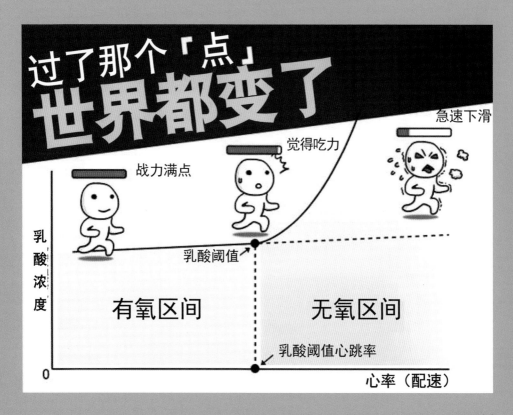

③　间歇训练法

间歇训练法的特点是高强度且持续时间适当，其强度接近于最大摄氧量。虽然训练的时间可以短到30秒，但也可以持续到3～5分钟。如果是进行3～5分钟的训练，休息时间也应该与训练时间相同，因此训练和休息的时间比例为1∶1。这种训练方法对运动员的压力是极大的，运动员必须具备坚实的有氧训练基础才能实施，而且必须谨慎实施。

通过间歇训练法可以明显增强最大摄氧量和无氧代谢能力，对发展耐力性运动能力很有效。间歇训练法的关键是高强度训练时要以接近无氧强度完成，

间歇时间段则以轻松的强度完成。资深跑者可以压缩间歇时间来提高训练的强度。

由于间歇训练法强度很高，两个训练日之间要有充分的恢复时间，所以一周1～2次即可。在间歇训练时，跑者的配速要接近于最大有氧速度。

> **例如**
>
> 一周内，周一进行高强度跑8～10次，每次0.5公里，周二用比赛的速度跑5公里。中间间歇2～3天使身体充分恢复，周五或者周六用比赛的速度再跑5公里。训练和休息的时间比例为1∶1。休息时可以采用步行或者慢跑。

4 重复训练法

重复训练法的强度高于最大摄氧量，持续时间一般为30秒到90秒。由于高度依赖于无氧代谢，在类似这种连续训练课之间需要较长的恢复时间，恢复的时间约是训练时间的4~6倍。所以，运动和休息的时间比例约为1∶5。重复训练法的好处：能有效提高跑步速度，增加无氧代谢的耐受力，而且对马拉松比赛的最后冲刺有非常大的帮助。

因为重复训练法强度很高，所以一周只安排一次训练即可，跑者要尽自己最大的努力去跑。例如进行400米跑，一共跑5个，结合自己的实际情况，中间间歇时间为6~10分钟。

5 法特莱特训练法

法特莱特训练法是许多训练法的组合。该方法包含在斜坡上的轻松跑和短时间的快速冲刺这种基本方式，只要结合LSD、速率节奏训练法和间歇训练法就可以组成多种形式的训练类型。法特莱特训练法的优点是：可以刺激身体的每个系统，并减少每天重复训练的枯燥乏味，可以有效提高乳酸阈值，改善跑步的经济性和能源的利用率。

法特莱特训练法不只是让你快乐地大声喊出来，也让你快乐地跑步，而且场地要求不高，大部分地方都可以进行训练。瑞典人创造这一方法的时候起名为"速度游戏"，准确地反映出它的本质。该训练法是松散的，慢跑和快跑自始至终交替进行。你可以在经过热身之后，先在短时间内快速跑一段，比如跑到前面的某一棵树或者某个标志处，然后再通过慢跑恢复体能。该训练法通常会制定一个特定的距离指标，而完成指标的过程由跑步者自己决定，可以根据自己的感觉决定加速和放松的时间和距离。这种方法能提高跑步者的耐力。

第三节
核心稳定——跑起来更高效

核心稳定可以理解成一种身体状态，是指在运动过程中保持身体姿势的稳定，以提高力量输出、传递和控制的效率。它在跑步过程中起着重要的作用，不仅能够维持身体平衡，保证跑步技术动作的稳定发挥，而且也是运动员发力的主要环节，是上下肢协同用力的枢纽，在力量传递的过程中起着承上启下的作用。在跑步过程中，稳定的核心不仅能有效减少额外的能量消耗，而且还能保证正确的身体姿势，降低由于错误的身体姿势而造成的运动损伤的风险。

对于跑步来说，根据转动力矩在封闭个体中保持恒定的物理学原理，当我们迈出左脚时，会导致躯干随着左脚向右旋转，必然伴随右手向前摆出，来平衡向右的转动力矩。如此这般，上下肢就可以精妙地配合从而保持平衡，强有力的腰腹肌群在这个过程中就起着承上启下的重要作用。

无论是腿部强有力的蹬地摆腿，还是上肢稳定的摆臂，都需要以腰腹肌群作为上下肢发力的支撑点。因此，腰腹力量好的人跑步时，尽管上肢摆臂和下肢摆腿的动作频率很高，但躯干却始终保持稳定。而核心力量不足的人跑起来，躯干乱扭，骨盆上下摆动，这样上下肢产生的力量就被松软无力的核心无谓地消耗掉了，大大降低了跑步效率。

核心力量和核心稳定性是两个不同的概念。核心稳定性的强弱取决于核心部位的肌肉韧带和结缔组织的力量以及它们之间的协作，即核心力量。核心力量是一种以稳定人体躯干、控制重心运动、传递上下肢力量为主要目的力量，

它不仅是人体核心稳定性形成的主要能力，而且还是人体运动的一个重要"发力源"。所以说，核心稳定性是人体核心力量训练的一个结果。

例如 ▶

跑步中经常会看到跑友过度扭胯的动作，就像模特走T台的样子。过度扭胯其实就是骨盆左右倾斜的结果，跑步过程中单腿着地支撑时，由于同侧外展肌群肌力不足，不能维持骨盆的正常生理位置，就会导致一侧腿着地时引起骨盆上下摆动，最终我们看的就是过度扭胯的动作。每一次的骨盆摆动都会带来脊柱位置的变化，导致躯干不稳定，影响蹬地力量的传导，从而降低跑步经济性。另外，骨盆的上下摆动还会引起膝关节外翻，增加了跑步膝痛的风险。

在运动中，骨盆稳定是指保持在中立位，不发生左右倾斜或过度前倾动作。如果骨盆上下摆动产生左右倾斜，那么脊柱或者腰椎会向对侧屈产生代偿；如果骨盆过于前倾，腰椎就会产生后伸动作进行代偿。一般情况下，骨盆左右倾斜主要是髋部外展肌群肌力不足；而骨盆过度前倾通常认为是屈髋肌群过于紧张，伸髋肌群受到抑制，导致髋关节活动度受限。髋关节灵活性受限势必影响膝关节的正常工作，而且使得核心肌群容易疲劳，这大大增加了膝关节的压力和损伤风险。所以核心稳定练习对于广大跑友来说是不可缺少的一个环节。

核心稳定练习一般分为三个阶段，包括核心区稳定、核心力量和核心爆发力。

一、核心区稳定

核心区稳定性的训练一般采用静态的或者动作幅度小且慢的动作，可以改善神经肌肉的效率及提高椎间盘的稳定性。这一阶段应该维持在一个月左右。在做动作时保持自然呼吸，不要憋气，动作做到位后，会感觉全身都有刺激感，而核心部位较为明显。

核心区稳定性训练大部分为静态动作，一般保持15~30秒静止即可。下面列出了16个动作，每次训练时可挑选其中的3~5个练习，每个动作做2~3次，不追求数量的多少，但一定要做标准，才能达到训练效果！

1）平板支撑

作用：发展核心区的稳定性。

动作要领：双肘撑地，耳、肩、髋、膝、踝在一条直线上，腹部、臀部收紧，双肘向下推地的同时肩胛前伸。

动作呼吸：持续缓慢呼吸。

动作感觉：肩部、腹部及大腿肌群有明显刺激感。

常见错误：低头、塌腰或臀部过高。

关键点：身体呈一条直线。

2）平板手前伸

作用：发展核心区的稳定性。

动作要领：单肘撑地，耳、肩、髋、膝、踝在一条直线上，一侧手往前伸。

动作呼吸：持续缓慢呼吸。

动作感觉：肩部、腹部、大腿肌群有明显的刺激感。

常见错误：低头、塌腰或臀部过高、骨盆发生晃动。

关键点：腹部、臀部收紧，控制躯干的稳定。

3）静态鸟狗式

作用：发展核心区的稳定性。

动作要领：初始动作为六点支撑跪位，同时举起右手和左腿，左右换边交替进行。

动作呼吸：抬手和伸腿时呼气，放下时吸气。

动作感觉：肩部、下腰背部及臀部肌群有明显刺激感。

常见错误：低头、塌腰或臀部过高、骨盆发生晃动。

关键点：腹部、臀部收紧，控制躯干的稳定。

4）平板单腿撑

作用：发展核心区的稳定性。

动作要领：在平板基础上单腿支撑，另一侧腿后伸，后伸腿始终保持勾脚尖，两腿交替进行。

动作呼吸：腿后伸时呼气，放下时吸气。

动作感觉：腹部、下腰背部及臀部有明显刺激感。

常见错误：低头、塌腰或臀部过高、骨盆发生晃动。

关键点：腹部、臀部收紧，控制躯干的稳定。

5）俯卧Y字上抬

作用：激活肩胛，发展核心区的稳定性，预防下腰背部损伤。

动作要领：俯卧姿势，双臂呈V字上抬，下腰背部、臀部收紧，动作缓慢进行。

动作呼吸：双臂向上时呼气，向下时吸气。

动作感觉：全身都有刺激，下腰背部感觉较为明显。

常见错误：动作速度太快，依靠惯性来进行练习。

关键点：下腰背部发力，避免头颈过度用力。

6）俯卧T字上抬

作用：激活肩胛，发展核心区的稳定性，预防下腰背部损伤。

动作要领：俯卧姿势，双臂伸直呈T字上抬，下腰背部、臀部收紧，肩胛用力后缩，动作缓慢进行。

动作呼吸：双臂向上时呼气，向下时吸气。

动作感觉：下腰背部和肩胛部位刺激感较为明显。

常见错误：双腿触地借力。

关键点：双手大拇指始终朝上。

7）俯卧W字上抬

作用：激活肩胛，发展核心区的稳定性，预防下腰背部损伤。

动作要领：在俯卧T字的基础上双臂呈W字上抬，下腰背部、臀部收紧，肩胛用力后缩，动作缓慢进行。

动作呼吸：双臂向上时呼气，向下时吸气。

动作感觉：下腰背部和肩胛部位刺激感较为明显。

常见错误：双腿触地借力。

关键点：双肘打开向上运动。

8）仰卧静态臀桥

作用：激活臀部肌群、下腰背部肌群。

动作要领：双脚分开与骨盆同宽，勾脚尖，臀大肌持续发力顶髋，使肩、髋、膝在一条直线上。

动作呼吸：持续缓慢呼吸。

动作感觉：下腰背部、臀部刺激感较为明显。

常见错误：下腰背部用力导致腰椎过伸。

关键点：臀大肌收缩，保持骨盆中立位，避免臀部过高。

9）动态臀桥（上下）

作用：提高臀部力量，维持核心的稳定。

动作要领：双脚分开与骨盆同宽，勾脚尖，臀大肌持续发力顶髋，使骨盆上下移动，动作缓慢进行。

动作呼吸：骨盆向上时呼气，向下时吸气。

动作感觉：下腰背部、臀部刺激感较为明显。

常见错误：臀部着地，腰椎过伸。

关键点：伴随呼吸持续缓慢进行。

10）动态臀桥（左右）

作用：提高核心稳定性，提高髋外展的能力。

动作要领：在臀桥的基础上，保证顶髋的情况下同时做髋关节外展和内收，内收时双膝回到初始位置。

动作呼吸：臀部向外时呼气，向内时吸气。

动作感觉：下腰背部、臀部刺激感较为明显。

常见错误：内收时双膝触碰。

关键点：控制臀部的位置，骨盆中立位，避免臀部上下移动。

11）单腿静态臀桥

作用：提高核心的稳定性及抗旋能力，同时改善臀部力量。

动作要领：在静态臀桥的基础上，单腿支撑挺髋，另侧腿伸膝屈髋勾脚尖。

动作呼吸：持续缓慢呼吸。

动作感觉：下腰背部、臀部刺激感较为明显。

常见错误：顶髋不充分。

关键点：控制臀部的位置，骨盆中立位，避免臀部过高或过低。

12）死虫子练习

作用：激活核心区深层肌群，提高核心稳定性。

动作要领：仰卧屈膝屈髋90度，双臂垂直地面，对侧手脚同时上下缓慢移动。

动作呼吸：腿向上时呼气，腿向下时吸气。

动作感觉：腹部刺激感较为明显。

常见错误：向下时手脚触地。

关键点：手脚协调配合，伴随呼吸缓慢进行。

13）静态侧桥

作用：提高侧腹力量，维持核心稳定。

动作要领：单肘撑地，耳、肩、髋、膝、踝在一条直线上。

动作呼吸：持续缓慢呼吸。

动作感觉：肩部、侧腹刺激感较为明显。

常见错误：低头、骨盆发生旋转或者侧倾。

关键点：腹部、臀部收紧，维持骨盆中立位。

14）动态侧桥

作用：提高髋外展的能力，提高核心稳定性。

动作要领：单肘撑地，在保证骨盆处于中立位的基础上，做髋关节侧移的动作。

动作呼吸：髋关节向上时呼气、髋关节落下时吸气。

动作感觉：肩部、侧腹刺激感较为明显。

常见错误：骨盆发生旋转。

关键点：腹部、臀部收紧，骨盆和躯干在一个平面上。

15）Good Morning

作用：提高屈髋和伸髋能力，激活髋关节，提高腘绳肌的柔韧性。

动作要领：双脚分开与肩同宽，向下俯身，躯干保持正直，腹部、臀部收紧，动作缓慢进行。

动作呼吸：躯干向上时呼气，弯腰向下时吸气。

动作感觉：臀部、下腰背部刺激感较为明显。

常见错误：低头、弯腰驼背。

关键点：向上时臀部持续发力。

（a）

（b）

16）站姿侧屈

作用：提高侧腹的力量。

动作要领：双脚分开与肩同宽或略宽于高，侧腹发力使脊柱侧屈，稳定骨盆保持中立位，动作缓慢进行。

动作呼吸：脊柱侧屈时向内呼气，脊柱回正时吸气。

（a）

动作感觉：侧腹和臀外侧刺激感较为明显。

常见错误：低头、髋关节左右摇摆。

关键点：左右侧屈的动作幅度不宜过大。

（b）

二、核心力量

第二阶段进行常规的核心力量训练，动作幅度更大，目的是增强核心部位向心和离心的力量，动作的控制能力、速度及神经支配肌肉的能力。做动作时一定要避免低头、塌腰或臀部过高、骨盆晃动，动作到位时会感觉全身都有刺激，核心部位较为明显。下面列出了41个动作，难度逐渐增加，在练习过程中要循序渐进，每次训练可根据训练水平和目的挑选3～5个动作，每个动作做10～15次/组，做2～3组。不要求数量，只要求质量！比如，在做平板时一定要稳住骨盆，不能塌腰；在做卷腹时，腹肌一定要有强烈的撕裂感，并避免颈部肌肉发力。

1）平板手交替前伸

作用：在维持核心区稳定的同时发展核心力量。

动作要领：在维持平板基础上单手支撑，身体呈一条直线，另一侧手前伸，两手缓慢交替。

动作呼吸：手前伸时呼气，收回时吸气。

动作感觉：腹部、肩部及大腿肌群有明显的刺激感。

常见错误：骨盆左右晃动或者旋转。

关键点：腹部、臀部收紧，控制躯干的稳定。

2）平板手交替触肩

作用：在维持核心区稳定的同时发展核心力量。

动作要领：在平板基础上单手支撑，身体呈一条直线，另一侧手摸支撑侧的肩，两手交替。

动作呼吸：手向上时呼气，向下时吸气。

动作感觉：腹部、肩部及大腿前侧有明显的刺激感。

常见错误：手前伸的时候呼气，收回时吸气，动作缓慢进行。

关键点：腹部、臀部收紧，控制躯干的稳定。

3）平板腿交替撑

作用：在维持核心区稳定的同时发展核心力量。

动作要领：在平板基础上单腿支撑，身体呈一条直线，另一侧腿后伸，两腿缓慢有节奏地交替。

动作呼吸：腿向上时呼气，向下时吸气。

动作感觉：肩部、核心区、臀部有明显刺激感。

常见错误：低头、塌腰驼背。

关键点：腹部、臀部持续发力，控制躯干的稳定。

4）俯卧单腿屈髋

作用：在维持核心区稳定的同时发展核心力量。

动作要领：双肘用力推地，头部保持中立位，腹部、臀部收紧，单腿支撑，另一侧腿屈膝屈髋，屈髋腿保持勾脚尖。

动作呼吸：持续缓慢呼吸。

动作感觉：肩部、核心区、臀部有明显刺激感。

常见错误：低头、塌腰驼背。

关键点：腹部、臀部持续发力，控制躯干的稳定。

5）动态鸟狗式

作用：发展核心区的稳定性及同侧抗旋转能力。

动作要领：初始动作为六点支撑跪位，同时举起右手和右腿，向前后伸展，同时再收回使手肘触碰膝关节，左右换边交替缓慢进行。

动作呼吸：伸手和伸腿时呼气，收回时吸气。

动作感觉：肩部、下腰背部及臀部肌群有明显刺激感。

常见错误：低头、塌腰或臀部过高、骨盆发生晃动。

关键点：腹部、臀部收紧，控制躯干的稳定。

（a）

（b）

6）俯卧侧上步

作用：发展核心区的稳定性及髋关节的灵活性。

动作要领：初始动作为俯卧撑姿势，单腿支撑，另一侧腿提膝向侧前方置于肘关节外侧，左右缓慢交替进行。

动作呼吸：膝关节向前时呼气，向后时吸气。

动作感觉：肩部、腹部及臀部肌群有明显刺激感。

常见错误：低头、塌腰驼背、动作幅度不到位。

关键点：膝关节尽量往前。

7）俯卧直膝提臀

作用：发展核心区的力量、髋关节的灵活性及心肺功能。

动作要领：初始动作为俯卧撑姿势，双脚分开与骨盆同宽，腹部用力收缩，髋关节主导臀部往上提，使臀部往上移动。

动作呼吸：有节奏地呼吸。

动作感觉：肩部、腹部及大腿前侧有明显的刺激感。

常见错误：低头屈膝、臀部没有明显上下移动的轨迹。

关键点：直膝提臀收腹、双腿向双臂靠近。

（a）

（b）

8）俯卧髋外展

作用：发展核心区的力量及髋关节的灵活性。

动作要领：初始动作为俯卧撑姿势，双脚分开与骨盆同宽，躯干保持正直，一侧腿支撑，另一侧腿屈膝外展，左右交替缓慢进行。

动作呼吸：膝关节向前时呼气，向后时吸气。

动作感觉：肩部、腹部及臀部有明显的刺激感。

常见错误：骨盆发生侧倾及旋转。

关键点：维持脊柱的稳定。

9）俯卧髋内收

作用：发展核心区的力量及髋关节的灵活性。

动作要领：初始动作为俯卧撑姿势，双脚分开与骨盆同宽，躯干保持正直，一侧腿支撑，另一侧腿屈膝内收伸向支撑腿方向最远端，躯干转动，左右交替缓慢进行。

动作呼吸：髋关节内收时呼气，外展时吸气。

动作感觉：肩部、下腰背部及臀部有明显的刺激感。

常见错误：低头塌腰、屈髋。

关键点：控制躯干的稳定。

10）俯卧髋外展+内收

作用：发展核心区的稳定性及髋关节的灵活性。

动作要领：初始动作为俯卧撑姿势，双脚分开与骨盆同宽，躯干保持正直，一侧腿支撑另一侧腿屈膝外展+内收，双腿缓慢交替进行。

动作呼吸：膝向外时呼气、落回时吸气。

动作感觉：肩部、下腰背部及臀部有明显的刺激感。

常见错误：低头塌腰、屈髋。

关键点：保持躯干稳定，动作缓慢进行。

（a）

（b）

11）死虫子练习1

作用：发展核心区的稳定性、髋关节的灵活性和手脚协调能力。

动作要领：仰卧屈膝屈髋90度，双臂垂直于地面，同侧手脚同时上下，手脚协调配合，左右缓慢交替。

动作呼吸：膝向上时呼气，向下时吸气。

动作感觉：腹部有明显的刺激感。

常见错误：下放时手脚触地。

关键点：伴随呼吸持续缓慢进行，腹部持续收缩。

12）死虫子练习2

作用：发展核心区的稳定性及髋关节的灵活性。

动作要领：仰卧屈膝屈髋90度，双臂垂直于地面，手脚同时上下，手脚协调配合，缓慢进行。

动作呼吸：膝向上时呼气，向下时吸气。

动作感觉：腹部有明显的刺激感。

常见错误：下放时手脚触地。

关键点：伴随呼吸持续缓慢进行，腹部持续收缩。

（a）

（b）

13）仰卧卷腹

作用：发展核心区的力量。

动作要领：身体仰卧于地面，屈膝90度，双臂置于脑后，腹部发力使肩膀离地，胸部往膝关节处靠近。

动作呼吸：肩膀向上时呼气，向下时吸气。

动作感觉：腹直肌上部刺激感较为明显。

常见错误：下放时躯干完全落地。

关键点：避免颈部过度用力。

14）双手上举卷腹

作用：发展核心区的力量。

动作要领：身体仰卧于地面，屈膝90度，双臂上举，腹部发力使肩膀离地，双臂向上伸。

动作呼吸：肩胛向上时呼气，向下时吸气。

动作感觉：腹直肌上部刺激感较为明显。

常见错误：下放时躯干完全落地。

关键点：避免头颈过度用力。

15）仰卧交替触踝

作用：发展核心区的力量。

动作要领：身体仰卧于地面，屈膝90度，抬起肩胛离开地面，左右手触摸脚踝。

动作呼吸：有节奏地呼吸。

动作感觉：腹直肌上部刺激感较为明显。

常见错误：头颈过度用力。

关键点：肩胛骨始终离开地面。

16）俄罗斯转体

作用：增强躯干的旋转能力，消耗腹部脂肪。

动作要领：身体呈"V"字形，双脚离地，躯干挺直左右旋转，动作缓慢进行。

动作呼吸：有节奏地呼吸。

动作感觉：腹斜肌刺激感较为明显。

常见错误：双腿左右晃动。

关键点：控制双腿的稳定。

17）坐式剪刀腿

作用：发展核心区的力量及髋关节的灵活性。

动作要领：身体呈"V"字形，双腿伸直离开地面，交替内收双腿，不能接触地面。

动作呼吸：有节奏地呼吸。

动作感觉：腹斜肌刺激感较为明显。

常见错误：双臂过多支撑。

关键点：躯干保持稳定。

18）屈腿风车

作用：发展核心区的力量。

动作要领：身体呈"V"字形，双腿伸直离开地面，并腿屈膝顺时针/逆时针缓慢画圈。

动作呼吸：持续放缓躯干，避免产生晃动，保持慢呼吸。

动作感觉：腹部肌群刺激感较为明显。

常见错误：弓背。

关键点：躯干保持稳定。

19）交叉摸膝卷腹

作用：发展核心区的力量。

动作要领：身体仰卧，屈膝90度，手臂向前伸直，利用腹部力量，手掌触摸对侧膝盖，左右交替。

动作呼吸：有节奏地呼吸。

动作感觉：腹斜肌、下腹刺激感较为明显。

常见错误：头颈过度用力。

关键点：肩胛骨始终不接触地面。

20）空中单车

作用：发展核心区的力量。

动作要领：腹部发力控制躯干稳定，躯干贴地，双腿交替蹬伸，动作缓慢进行。

动作呼吸：有节奏地呼吸。

动作感觉：腹斜肌刺激感较为明显。

常见错误：双手过度用力抱头。

关键点：腿向下蹬伸时始终不接触地面。

21）自行车卷腹

作用：发展核心区的稳定性及髋关节的灵活性。

动作要领：身体仰卧，头颈放松，腹部发力，身体扭转手肘触碰对侧膝盖。

动作呼吸：有节奏地呼吸。

动作感觉：腹斜肌刺激感较为明显。

常见错误：双手过度用力。

关键点：腹部发力，躯干旋转。

22）双腿上抬

作用：发展核心区的力量。

动作要领：仰卧于地面，双手交叉置于脑后，腹部发力，躯干紧贴地面，双膝微屈上抬90度。

动作呼吸：腿上抬时呼气，落下时吸气。

动作感觉：大腿、下腹部刺激感较为明显。

常见错误：下落触地、动作速度太快。

关键点：持续缓慢进行。

（a）

（b）

23）双腿交替上抬

作用：发展核心区的力量。

动作要领：仰卧于地面，双手置于身体两侧，腹部发力，躯干贴地，双膝微屈交替上抬，动作缓慢进行。

动作呼吸：有节奏地呼吸。

动作感觉：大腿、下腹部刺激感较为明显。

常见错误：下落触地，动作速度太快。

关键点：持续缓慢进行。

（a）

（b）

（c）

24）双腿V字起

作用：发展核心区的力量。

动作要领：仰卧于地面，双手置于腰部后侧，腹部发力，躯干贴地，双膝微屈呈V字上抬90度。

动作呼吸：腿抬起时呼气、放下时吸气。

动作感觉：大腿、下腹部刺激感较为明显。

常见错误：下落触地、动作速度太快。

关键点：持续缓慢进行。

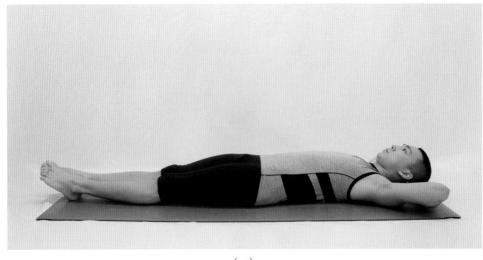

（a）

（b）

（c）

25）V字两头起

作用：发展核心区的力量。

动作要领：仰卧于地面，双手置于头顶，膝关节微屈，腹部用力，手脚同时向上收，动作缓慢进行。

动作呼吸：手脚向上时呼气，向下时吸气。

动作感觉：大腿、腹部刺激感较为明显。

常见错误：动作速度太快、双臂过度用力。

关键点：腹部发力，向下时手脚不能触地。

26）侧卧髋外展

作用：发展核心区的力量及髋关节的灵活性。

动作要领：身体呈侧卧状，单臂肘支撑，在保证腹部臀部收紧、骨盆处于中立位的基础上，臀部外展肌群持续发力做髋关节外展的动作。

动作呼吸：髋外展时呼气、落回时吸气。

动作感觉：肩部、侧腹和臀部刺激感较为明显。

常见错误：骨盆左右晃动、动作速度太快。

关键点：腿下放时双腿不接触。

27）侧卧起腿

作用：发展核心区的稳定性及髋关节的灵活性。

动作要领：身体呈侧卧状，单臂肘支撑，在保证腹部臀部收紧、骨盆处于中立位之后，静态向上起腿保持静止动作。

动作呼吸：持续缓慢呼吸。

动作感觉：肩部、侧腹和臀部刺激感较为明显。

常见错误：骨盆左右晃动、躯干不稳定。

关键点：双腿始终合并在一起。

28）侧桥屈髋1

作用：发展核心区的稳定性及髋关节的力量。

动作要领：身体呈侧桥姿势，单肘撑地，腹部臀部收紧，骨盆保持中立位，对侧腿屈髋屈膝。

动作呼吸：自然呼吸。

动作感觉：肩部、腹部刺激感较为明显。

常见错误：低头、骨盆发生旋转。

关键点：身体保持一条直线。

29）侧桥屈髋2

作用： 发展核心区的稳定性及髋关节的力量。

动作要领： 身体呈侧桥姿势，单肘撑地，同侧腿屈髋，腹部臀部收紧，骨盆保持中立位。

动作呼吸： 自然呼吸。

动作感觉： 肩部、腹部刺激感较为明显。

常见错误： 低头、骨盆发生旋转。

关键点： 身体保持一条直线。

30）侧桥静态髋外展

作用： 发展核心区的稳定性及髋关节的力量。

动作要领： 身体呈侧桥姿势，单肘撑地，腹部臀部收紧，骨盆保持中立位，对侧腿直膝外展。

动作呼吸： 自然呼吸。

动作感觉： 肩部、腹部及臀部外侧刺激感较为明显。

常见错误： 低头、骨盆发生旋转。

关键点： 骨盆保持中立位。

31）侧桥肘触膝

作用：发展核心区的稳定性及髋关节的力量。

动作要领：身体呈侧桥姿势，腹部臀部收紧，躯干保持稳定，同侧肘、膝撑地，另一侧肘触膝。

动作呼吸：肘膝相对时呼气、肘膝相离时吸气。

动作感觉：肩部、腹部和臀部刺激感较为明显。

常见错误：低头、躯干动作变形。

关键点：肘触膝时维持躯干的稳定。

32）侧桥手触脚

作用：发展核心区的稳定性及髋关节的力量。

动作要领：身体呈侧桥姿势，腹部臀部收紧，躯干保持稳定，同侧肘、膝撑地，另一侧手触脚。

动作呼吸：手脚前伸时呼气，收回时吸气。

动作感觉：肩部、腹部和臀部刺激感较为明显。

常见错误：低头、躯干动作变形。

关键点：躯干保持中立位。

（a）

（b）

33）侧桥腿屈伸1

作用：发展核心区的稳定性及髋关节的灵活性。

动作要领：身体呈侧桥姿势，单肘撑地，腹部、臀部收紧，控制躯干的稳定，对侧腿屈膝屈髋，手脚协调摆臂。

动作呼吸：膝前摆时呼气、收回时吸气。

动作感觉：肩部、腹部和臀部刺激感较为明显。

常见错误：低头、躯干动作变形。

关键点：控制躯干的稳定。

34）侧桥腿屈伸2

作用：发展核心区的稳定性及髋关节的灵活性。

动作要领：身体呈侧桥姿势，单肘撑地，腹部臀部收紧，骨盆保持中立位，同侧腿屈膝屈髋，手脚协调摆臂。

动作呼吸：膝前摆时呼气，收回时吸气。

动作感觉：部、腹部和臀部刺激感较为明显。

常见错误：低头、骨盆位置发生变化。

关键点：控制躯干的稳定。

35）直臂旋转

作用：发展核心区的稳定性及核心的抗旋转能力。

动作要领：弓步姿势稳定躯干，腹部发力，直臂旋转，骨盆保持中立位，动作持续缓慢进行。

动作呼吸：躯干旋转时呼气，回正时吸气。

动作感觉：双臂、腹部和臀部刺激感较为明显。

常见错误：低头、躯干发生侧屈。

关键点：核心旋转发力。

（a）　　　　　　　　　　　　　（b）

36）胸前推拉

作用：发展核心区的稳定性及核心的抗旋转能力。

动作要领：弓步姿势，腹部发力维持躯干的稳定，骨盆保持中立位，单臂在胸前推拉，动作缓慢进行。

动作呼吸：手臂向前时呼气，向后时吸气。

动作感觉：双臂、腹部和臀部刺激感较为明显。

常见错误：低头、躯干发生侧屈。

关键点：躯干始终保持中立位。

（a）

（b）

37）跪姿伐木

作用：发展核心区的稳定性及核心的抗旋转能力。

动作要领：双腿采用前后跪立位，腹部发力，稳定骨盆保持脊柱稳定，双臂直臂斜下划，动作缓慢进行。

动作呼吸：双臂向下时呼气，向上时吸气。

动作感觉：双臂、腹部刺激感较为明显。

常见错误：低头、躯干发生侧屈。

关键点：躯干始终保持中立位。

38）跪姿上挑

作用：发展核心区的稳定性及旋转能力。

动作要领：双腿采用前后跪立位，腹部、上背部发力，双臂直臂斜上，骨盆保持稳定，动作缓慢进行。

动作呼吸：双臂向上时呼气，向下时吸气。

动作感觉：双臂、腹部刺激感较为明显。

常见错误：低头、躯干发生侧屈。

关键点：躯干始终保持中立位。

39）弓步旋转

作用：发展核心区的旋转能力。

动作要领：两脚前后开，立腹部发力使躯干左右旋转，稳定骨盆保持脊柱中立位，动作缓慢进行。

动作呼吸：有节奏地呼吸。

动作感觉：双臂、腹部刺激感较为明显。

常见错误：双臂过度用力、动作速度太快。

关键点：躯干始终保持中立位。

40）熊爬

作用：发展核心区的稳定性。

动作要领：四点支撑屈膝呈跪撑姿势，一侧手向前对，侧腿跟上，交替协调前行，保持核心稳定，防止躯干偏转。

动作呼吸：自然呼吸。

动作感觉：全身都有刺激，腹部、腿部感觉较为明显。

常见错误：低头、塌腰、臀部过高。

关键点：控制骨盆的稳定性。

41）鳄鱼爬行

作用：发展核心区的力量及髋关节的灵活性。

动作要领：四点支撑呈俯卧撑姿势，俯卧下去的同时一侧手向前，对侧脚离地屈膝触碰同侧肘，动作缓慢协调有节奏地进行。

动作呼吸：身体屈膝向上时呼气、向下时吸气。

动作感觉：全身都有刺激，腹部、下腰背部感觉较为明显。

常见错误：低头、塌腰、臀部过高。

关键点：动作幅度到位。

三、核心爆发力

第三阶段主要是提升核心肌群的发力速度，所以大多训练动作都是快速完成的。每个动作做10～20次/组，做2～3组，量力而行。

1）弓步左右上挑

作用：发展核心区的旋转爆发力。

动作要领：两脚前后开立成弓箭步姿势，右腿蹬地力量传导至髋关节带动躯干做上挑的动作，此时髋关节为主导、快速向上挑。

动作呼吸：有节奏地呼吸。

动作感觉：双臂、腹部刺激感较为明显。

常见错误：双臂过度用力、动作幅度太小。

关键点：保持躯干的稳定。

（a） （b）

2）俯卧登山步

作用：发展核心区的稳定性及髋关节的爆发力。

动作要领：四点支撑呈俯卧撑姿势，腹部、臀部收紧，双腿快速交替屈膝屈髋。

动作呼吸：有节奏地呼吸。

动作感觉：全身都有刺激，腹部感觉较为明显。

常见错误：低头、臀部过高。

关键点：快速前后交叉提膝。

3）同侧提腿触手

作用：发展核心区的旋转力量及髋关节的灵活性。

动作要领：站立位，单脚支撑，保持伸膝，对侧手脚前伸互触，同侧手上举至顶，协调发力，脊柱保持竖直、稳定。

动作呼吸：有节奏地呼吸。

动作感觉：腹部下方刺激感较为明显。

常见错误：含胸弓背，弯腰，膝盖屈曲。

关键点：躯干保持正直，做左右旋转。

第四节
肌肉力量——跑起来的动力

力量是所有运动的动力来源，是体能训练的重要组成部分，是其他运动素质的基础，也是预防运动损伤最重要的基础。有力量才有速度，才有灵活，才有更高、更远。力量素质好，说明在运动过程中对身体的控制能力强，缓冲关节震动的能力强，疲劳出现得晚，可以大大减少损伤的发生。

有研究表明，随着年龄的增长，肌肉会萎缩，尤其是快缩肌纤维的消失对于跑步者来说更是雪上加霜，这意味着产生速度和能量的能力都会下降。相比之下，慢缩肌纤维的寿命更长。新生儿的肱二头肌有大约50万根纤维，而80岁的人仅为30万根。肌肉纤维的消失导致产生速度、力量和能量的能力大幅下降。因此，对于中年和老年跑步者，坚持举重练习和增强式练习可以降低因年龄的增长导致的速度和能量的流失。

不少跑者认为只要耐力好，就能跑得好。的确，心肺耐力对于跑步发挥着决定性作用，但跑步不仅仅靠心肺系统，强大的肌肉系统也很重要，毕竟跑步动作最终还得靠肌肉的收缩舒张来实现。当心脏把氧气通过血液运输到肌肉，肌肉能否充分有效地利用这些氧气输出做功，在很大程度上会影响跑步能力和跑步经济性。

为什么跑步要加强肌肉力量训练，很多专业人士已经作过说明，最主要的原因就是肌肉力量强大后对关节和韧带都有一个强大的保护和支撑，也可以快速缓解肌肉的疲劳，保护我们远离伤病。同时，力量训练对于跑步而言，可以起到提高跑步经济性、提升配速、预防伤痛、促进伤痛康复等作用。大众跑者高达85%的伤痛率，其实很大程度就是跟力量不足有关。很多跑者跑到后程会出现关节疼痛，因为此时肌肉耐力下降，肌肉对于关节的保护作用减弱引起的。相比专业运动员而言，大众跑者更需要力量训练。因为大众跑者普遍缺乏力量训练或者力量训练不足，这也是很多跑者体能上不去的重要原因，补短板，强化力量是跑者不可或缺的重要工作。

近期在英国诺桑比亚大学的研究中发现，在跑步测试中，随着跑步疲劳的增加，跑步经济性就会损失。因此，当跑者进入疲劳状态时，他们就失去效率，无法维持适当姿势。但跑者若有较好的肌耐力，就能维持更好的经济性。

然而，在疲劳前甚至是开始疲劳时，大重量的肌力训练及爆发力训练已经被证明能普遍地增加跑步经济性。而这个与肌耐力训练的机制完全不一样。爆发力训练也被证明可以提高最大冲刺速度，对长距离跑者来说，提高速度不会嫌多。

无论你是正在为今年的马拉松比赛作准备，还是想提高耐力和跑步成绩，在日常健身计划中加入力量训练都是至关重要的。单纯增加跑步距离的训练不一定会让你提高成绩，还会因为日复一日的重复性动作而增加肌肉损伤的风险。加入力量训练会给你带来很多的好处。

一、有助于保持身体姿态

跑步时，当重量都集中在一条腿上的时候，保持下身稳定是非常重要的，你需要从脚踝到躯干都保持强有力的姿态。正确的姿态能助你保持最佳步长，让你跑得更有效率，同时避免受伤。那怎样才能获得良好的姿态呢？力量训练，力量训练，还是力量训练！

二、预防运动损伤的出现

核心肌肉和臀部肌肉力量可以帮你增强稳定性，避免过度旋转。当我们跑步时，当一条腿着地支撑时，对脚踝、膝盖和臀部都施加了很大的压力。如果这些部位的力量和稳定性不够，就可能导致关节的过度旋转，从而引发"跑步膝"等常见伤病。如果你的身体足够强壮，就更能承受这种日复一日的脚与地面的冲击，恢复也会更好。

三、减少关节压力

如果你的身体越强，每跨出一步所能发的力就越大。而每一步发出的力越大，你跑起来就会越轻松。这也能让你避免使用脚踝和膝关节来发力，从而减少了施加在这些关节上的额外压力而导致关节受磨损。

四、保持正确的呼吸模式

跑步的时候，呼吸方式很重要。如果你的跑姿有问题，肩膀会耸起或者含胸，导致气道关闭，呼吸变浅，而你只有从膈膜处呼吸，才有足够的氧气让你精力充沛。如果呼吸不正确，跑步就会变得很困难，耐力也会下降。好的跑姿需要优秀的核心力量。腹部和腰背部训练能帮你锻炼核心肌肉，为你提供稳定性，确保跑步时呼吸更有效。

五、建议进行的练习

下面的动作旨在增强下肢力量及膝关节稳定性、消耗局部脂肪、预防运动损伤。每次根据训练的肌肉和训练水平，每个部位选2～3个动作练习，10～15次/组，做2～3组。动作一定要标准才能达到训练目的，避免不必要的损伤。

1）徒手深蹲

作用：发展下肢力量。

动作要领：双脚分开与肩同宽，躯干保持正直，收腹挺胸、屈膝的同时臀部往后坐，下蹲至大腿与地面平行。

动作呼吸：身体向上时呼气，向下时吸气。

动作感觉：大腿和臀部刺激感较为明显。

常见错误：膝关节超过脚尖、脚跟离地。

关键点：下腰背挺直。

2）高脚杯深蹲

作用：发展下肢力量。

动作要领：双脚分开与肩同宽，躯干保持正直，收腹挺胸，哑铃紧贴胸骨，下蹲至大腿与地面平行。

动作呼吸：身体向上时呼气，向下时吸气。

动作感觉：大腿和臀部刺激感较为明显。

常见错误：膝关节超过脚尖、脚跟离地。

关键点：挺胸抬头，哑铃尽量靠近自己胸前。

3）箭步蹲

作用：发展下肢力量。

动作要领：膝关节对准脚尖始终朝前，收腹挺胸，下蹲至大腿与地面平行，弓步不宜太大。

动作呼吸：身体向上时呼气，向下时吸气。

动作感觉：大腿和臀部刺激感较为明显。

常见错误：前腿膝关节超过脚尖、躯干左右摇晃。

关键点：挺胸抬头、腰背收紧、竖直保持。

动作感觉：大腿和臀部刺激感较为明显。

常见错误：膝关节超过脚尖、身体重心太靠前。

关键点：身体重心左右平移。

4）左右弓步蹲

作用：发展下肢力量及髋关节的灵活性。

动作要领：双腿左右开立，收腹挺胸，臀部向后坐，膝关节对准脚尖始终朝前，下蹲至大腿与地面平行。

动作呼吸：身体向上时呼气，向下时吸气。

5）后撤步蹲

作用：发展下肢力量及髋关节的灵活性。

动作要领：单腿向后伸，收腹挺胸，保持身体的稳定，膝关节对准脚尖始终朝前，下蹲至前侧大腿与地面平行。

动作呼吸：身体向上时呼气，向下时吸气。

动作感觉：大腿和臀部刺激感较为明显。

常见错误：前腿膝关节超过脚尖、躯干左右摇晃。

关键点：保持躯干中立位。

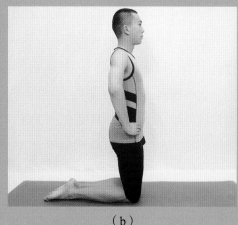

（b）

6）跪姿挺髋

作用：发展下肢力量及髋关节的灵活性。

动作要领：双膝分开与肩同宽呈跪姿，躯干保持正直，臀部发力髋向前挺。

动作呼吸：髋向前时呼气、髋下落时吸气。

动作感觉：大腿和臀部刺激感较为明显。

常见错误：大腿过度用力。

关键点：臀大肌发力向前挺髋。

7）前后弓步蹲

作用：发展下肢力量及髋关节的灵活性。

动作要领：核心收紧维持躯干的稳定，膝关节对准脚尖始终朝前，两次蹲之间摆动腿没有触地。

动作呼吸：身体向上时呼气，向下时吸气。

动作感觉：大腿和臀部刺激感较为明显。

常见错误：膝关节超过脚尖、身体重心不稳。

关键点：保持躯干稳定。

（a）

8）后腿抬高弓步蹲

作用：发展下肢力量及髋关节的灵活性。

动作要领：前侧腿高于后侧腿，骨盆和脊柱保持中立位，膝关节对准脚尖始终朝前，下蹲至大腿与地面平行。

动作呼吸：身体向上时呼气，向下时吸气。

动作感觉：大腿和臀部刺激感较为明显。

常见错误：膝关节超过脚尖、膝内扣。

关键点：避免骨盆前倾，身体重心上下移动。

9）过顶深蹲

作用：发展核心区的稳定性及肩关节、髋关节的灵活性。

动作要领：挺胸收腹，双脚分开与肩同宽，躯干保持正直，双臂上举呈一条直线，下蹲至大腿与地面平行。

动作呼吸：身体向上时呼气，向下时吸气。

动作感觉：大腿和臀部刺激感较为明显。

常见错误：弯腰驼背、脚跟离地。

关键点：膝关节始终对准脚尖。

10）屈腿硬拉

作用：发展核心区的稳定性及髋关节的灵活性。

动作要领：双脚分开与骨盆同宽，膝关节对准脚尖始终朝前，双手握住哑铃贴近大腿，挺胸收腹，躯干保持正直。躯干保持不动，缓慢伸直双腿。

动作呼吸：身体向上时呼气、俯身时吸气。

动作感觉：大腿和臀部刺激感较为明显。

常见错误：弯腰驼背、双臂过度用力。

关键点：下腰背挺直。

（a）　　　　　　　　　　　（b）

11）单腿后蹲

作用：发展核心区的稳定性及髋关节的力量。

动作要领：单腿支撑，躯干保持正直，骨盆保持中立位，膝关节对准脚尖始终朝前，髋关节主导向后蹲，膝关节保持稳定，双臂向前伸保持平衡。

动作呼吸：身体向上时呼气，向下时吸气。

动作感觉：大腿和臀部刺激感较为明显。

常见错误：弯腰驼背、骨盆旋转。

关键点：挺胸直背。

六、肌肉爆发力的训练

现在很多跑者在脚着地时腿部肌群的离心收缩较差，加上腿部力量较弱，缓冲往往过深，尤其是踝关节下沉明显，使身体重心留在支撑腿后面，延长了缓冲时间。良好的爆发力对于需要改变速度或者方向的运动项目来说非常重要，然而现在还有一种普遍的错误观点，就是对于有氧耐力项目（如马拉松、竞走等）来说爆发力的作用并不大。爆发力经常被错误地认为不重要。

虽然优秀的马拉松运动员跑速大约只有短跑运动员速度的一半，但是跑是一种固定的弹性动作，爆发力、快速力量和反应能力都是影响跑的距离、时间的决定因素。在日常的训练中，如果想让自己的步频、步长和效率都有一定的提高，那么爆发力的价值就体现出来了，如果考虑到预防损伤的作用，爆发力就更重要了。

田径运动的核心能力是快速利用力的能力，这种能力可以使自身在运动过程中灵活自如地加速、减速，跑步是爆发力表现的动作之一。良好的爆发力能有效减少触地时间，快速输出力量，使跑者跑得更轻松有力，提高跑步的经济性。

建议练习的动作如下。

下面的动作旨在增强下肢爆发力，重建动作模式，预防运动损伤。训练时可以根据训练的肌肉、目标和训练水平选择3~5个动作，10~15次/组，做2~3组，动作一定要标准。

1）上步提膝

作用：发展下肢的爆发力及髋关节的力量。

动作要领：躯干保持正直，目视前方，上步蹬地提膝顶髋使膝关节靠近胸口，双臂协调摆臂。

动作呼吸：屈膝向上时呼气，下落时吸气。

动作感觉：大腿和臀部刺激感较为明显。

常见错误：膝内扣、躯干左右摇晃。

关键点：快速蹬地提膝。

2）半高抬腿

作用：发展核心区的力量及髋关节的爆发力。

动作要领：躯干正直或略微前倾，下肢蹬地膝关节半高抬，勾脚尖，快速交替积极下压，双臂协调摆动。

动作呼吸：有节奏地呼吸。

动作感觉：大腿和臀部刺激感较为明显。

常见错误：弯腰驼背、重心太靠后。

关键点：躯干保持正直或者略微前倾。

3）高抬腿

作用：发展核心区的力量及髋关节的爆发力。

动作要领：躯干正直或略微前倾，下肢蹬地膝关节高抬，勾脚尖，快速交替积极下压。

动作呼吸：有节奏地呼吸。

动作感觉：大腿和臀部刺激感较为明显。

常见错误：弯腰驼背、重心太靠后。

关键点：躯干保持正直或者略微前倾。

4）弓步上举

作用：发展下肢与肩部的爆发力及核心抗侧屈的能力。

动作要领：前后弓步站立，保持身体平衡，前后弓步蹬地的同时双手上举，下蹲至大腿与地面平行。

动作呼吸：身体向上时呼气，向下时吸气。

动作感觉：肩部、大腿和臀部刺激感较为明显。

常见错误：膝内扣、躯干前后摇晃。

关键点：上下肢同时启动，保证动作的整体性。

5）火箭推

作用：发展全身的爆发力。

动作要领：双脚分开与肩同宽或略宽于肩，躯干保持正直，下肢用力蹬伸，身体垂直向上腾空，双臂置于身体两侧，臀部及核心收紧维持脊柱中立位。

动作呼吸：身体向上时呼气，下蹲时吸气。

动作感觉：整个身体都有刺激感。

常见错误：膝内扣、躯干前后摇晃。

关键点：向上时防止骨盆前倾。

第五节
灵敏协调——让身体更聪明

一、灵敏性

灵敏性是指在各种突然变换的条件下，在保持身体平衡、力量、速度和身体控制能力的同时，跑者能够迅速、准确、协调地改变身体运动的空间位置和运动方向的能力。灵敏性是一种综合素质，是速度、柔韧性、力量等素质的综合反映，因而它是所有对协调性、灵活性、准确性和应变能力有很高要求的运动项目非常重要的素质。

灵敏训练十分重视协调能力等运动能力的同步提高，重视时间和空间感知能力。在训练时，应遵循以下几个原则。

第一，要合理安排运动负荷，避免强度过大、中枢神经过度紧张的训练，时间不宜太长，以免造成过度疲劳。

第二，要有针对性，如越野跑步爱好者，必须发展脚部专门灵敏性以提高下肢的变向能力以及快速反应能力。

第三，训练要全面，不能单独去训练某一个素质，因为体能是一个整体，各个素质相互影响，也互相制约。比如只练速度，没有力量和协调能力的支撑，就不会有很明显的提高的，即使花费大量的时间获得的训练效率也不会太高。

第四，灵敏性训练一般安排在训练课的前半部分进行，这样可以保证体力充沛，精神饱满。灵敏训练的特点是强度大、时间短、注意力高度集中、神经参与程度高，所以在训练时跑者的机体必须处在一个良好的状态。

灵敏素质有以下几个特点。

（1）多方向的制动再启动、减速再加速。

（2）尽可能快而高速地完成减速与加速。

（3）加速的距离较短。

针对灵敏素质的特点，灵敏训练的设计要点如下。

口令信号快速反应：在听到口令后迅速地做站、蹲、坐、跳等动作。

限定场所相互追逐：在限定的场所或者区域内相互追逐同伴。

脚步的交换：单脚，双脚，侧向跳或者跳绳。

前后左右移动：设计一个场地，在最短的时间内完成前后左右的移动。

徒手操：快速完成某些大动作的徒手操。

限定动作：指定某些动作，要求在短时间内完成。

高速折返跑：在地上或者地板上以最快的速度完成折返跑。

灵敏素质训练的具体要求如下。

（1）练习内容：在训练内容中应该包含反应能力、节奏感、空间定位能力。

（2）练习强度：一般以最高的强度训练，持续动作的时间为5～15秒。

（3）练习时机：最好在队员能够保持肌肉兴奋状态下进行训练，切勿在疲劳状态下进行灵敏训练，否则会增加运动损伤的风险。

（4）充分地休息：如果恢复时间不够会导致训练质量下降，为了保证训练质量，需要保留充分的恢复时间。

（5）适当的距离：灵敏训练的强度较大，在只有身体移动的练习中，应考虑到时间较短和加速能力等因素，练习的距离一般在20～35米。

灵敏训练的具体方法如下。

跳绳：各种形式的跳绳。

传接球：各个方向抛球然后自己接或者同伴接球，抛球后紧接着做跳跃的动作然后再接球。

徒手跳跃：往各个方向单/双脚跳，往前后左右交叉跳跃，单腿+双腿+单腿快速向前跳跃等。

跳障碍物：横向/纵向跳过同伴，单腿/双腿各个方向跳小拦架。

定点折返跑：徒手折返跑、折返取物等。

信号练习：看手势/听信号按照指令做各个方向的动作或移动。

下面向大家介绍几种灵敏测试的方法及评分标准。

1 T形测试

（1）用三个标志筒以间距5的距离摆成直线，第四个标志筒置于距直线中心10码位置，呈"T"形。

（2）经过适度热身后，运动员由A标志筒出发朝向B冲刺10码，再向左横向滑步5码到C标志筒，再转回向右横向滑步10码到D标志筒，再转回向左横向滑步5码到B标志筒，最后后退跑回到A标志筒处。

（3）整个过程中受试者身体面向前方，不允许出现交叉步，到达每个变向点必须用手去触标志筒；受试者听发令声起跑并开始计时，完成后退跑全程过A标志筒时停止。

（4）男子低于9.5秒、女子低于10.5秒为优秀，男子9.5~10.5秒、女子10.5~11.5秒为良好，男子10.5~11.5秒、女子11.5~12.5秒为及格。

（翻译：Start/Finish为起点/终点；yards为码）

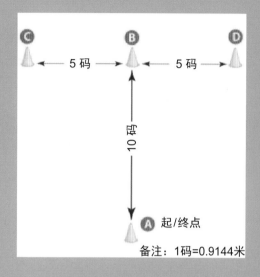

备注：1码=0.9144米

2 六边形跳测试

（1）需要胶带、皮尺及码表，以胶带标记边长为24英寸、120度内角的六边形。

（2）适度热身后，运动员由六边形中心点听发令声开始双足跳出边线，向前开始以顺时针顺序完成六条边，共完成3轮总计跳18次后回到中心点结束。

（3）脚踩线、失去平衡或出现多余步伐均为失败须重新测试，共测试3次取最好成绩。

（4）男子低于12.3秒为优秀，12.3~13秒为良好，13~13.7秒为合格；女子低于13.2秒为优秀，13.2~13.9秒为良好，13.9~14.7秒为合格。

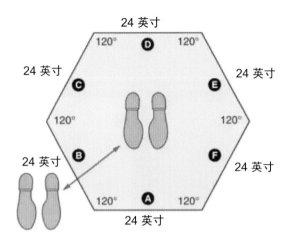

24 英寸

120° D 120°

24 英寸 C E 24 英寸

120° 120°

24 英寸 B

24 英寸 120° A 120° 24 英寸

24 英寸

3 5-10-5测试

这个测试可在间距5码平行线的平坦场地进行，用码表计时，运动员以3点触地姿势跨在中间线预备，听发令声后冲刺5码到左侧线，然后转回冲刺10码到远端右侧线，再转回冲刺5码到中间线，脚必须触线，通过中间线后停止计时。测试两次取最好成绩。男子低于4.9秒为优秀，女子低于5.3秒为优秀。

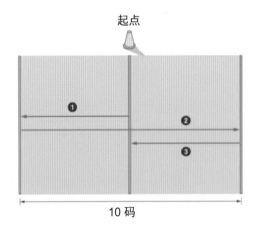

起点

① ②

③

10 码

4 Edgren侧滑步测试

起始位置

3 英尺 3 英尺 3 英尺 3 英尺

用胶带标记5条纵向平行线，两线间距3英尺，场地建议为室内体育馆。适度热身后，运动员跨在中间线预备，听到发令声后侧滑步到右侧外线，然后左侧向滑步到最左侧外线，注意外侧脚一定要踩线。反复进行10秒，记录10秒内所跨过的标志线数量。国外针对男子冰球运动员的研究显示成绩处于29±2.4范围的优秀。

二、协调性

协调性是指人体在运动中流畅、准确、协调地完成动作的能力。严格来说，协调性不能作为一种素质，而是一种综合能力的表现。协调能力是以身体素质平衡发展为基础，在运动中主动肌、协同肌、对抗肌、支持肌相互配合，最经济地完成动作。

我们在跑步时要留意脚掌的感觉，它可以反映我们的协调、平衡状况。当你跑步时，左右脚掌感觉一样吗？通常我们会偏重于某一侧，在脚触地时会把体重向我们所偏重的那一侧偏移。也可以对着镜子比较一下自己的双腿，尤其是两条大腿的肌肉，肌肉大小可以很好地反映肌肉的平衡发展状况。如果一条腿上的肌肉围度比另一条腿上的大，就需要注意了。

影响协调性的因素很多，比如肌肉清晰感觉时间空间和力度的能力、把每个动作精密妥善地连接起来的能力、感知位置关系（比如说自己和其他参赛选手的位置或者自己与障碍物的位置关系）并且做出感应动作（反应）的能力、运动过程中保持身体平衡或者失去平衡之后尽快恢复的能力、能够正确地再现动作节奏或者模仿其他动作节奏的能力和感知状况变化并且做出切换动作内容来应对所出现的状况的能力。

通过放松练习克服不合理的肌肉紧张和通过加强平衡能力完善身体静态和动态的姿势稳定是发展跑步协调能力的主要途径。

在进行协调性训练时，要注意与全面改善综合协调的能力密切结合，在完成习惯性练习的同时安排更多的训练手段，并密切围绕专项运动的协调性进行训练，并作为每天的重要训练内容进行安排。

具体的训练动作如下。

根据训练刺激的肌肉和训练水平挑选3～5个动作，每个动作做20～30次，动作要标准才能避免不必要的损伤。

1）交替弓箭步

作用：发展跑步的协调性，提高身体的控制能力。

动作要领：双臂叉腰，单腿向前呈弓箭步，双腿缓慢交替进行，同时要维持躯干的稳定。

动作呼吸：身体向上时呼气，交换腿向下时吸气。

动作感觉：下肢和核心刺激感较为明显。

常见错误：弯腰驼背。

关键点：维持躯干的稳定。

2）直立深蹲

作用：发展跑步的协调性，提高身体的控制能力。

动作要领：挺胸收腹，双脚分开与肩同宽，躯干挺直，双臂维持泡沫轴的稳定，下蹲至大腿与地面平行，动作缓慢进行。

动作呼吸：身体向上时呼气，向下时吸气。

动作感觉：大腿和臀部刺激感较为明显。

常见错误：弯腰驼背、脚跟离地。

关键点：膝关节始终对准脚尖。

（a）

（b）

3）单足飞燕

作用：发展跑步的协调性，提高身体的控制能力。

动作要领：起始姿势为站姿体前屈姿势，然后单足支撑双臂向两侧打开，另一侧腿向后伸的同时躯干上抬至与地面平行，动作缓慢进行，整个过程维持骨盆的稳定。

动作呼吸：俯身时向上呼气，身体回正时吸气。

动作感觉：下腰背和臀部刺激感较为明显。

常见错误：弯腰驼背、脚跟离地。

关键点：防止支撑腿膝关节内扣。

4）台阶高抬腿

作用：发展跑步的协调性，提高身体的控制能力。

动作要领：一侧腿置于台阶上，另一侧腿属于地上，双臂协调摆臂，双脚快速交替，挺胸抬头。

动作呼吸：有节奏地呼吸。

动作感觉：臀部和下腹部刺激感较为明显。

常见错误：骨盆后倾、躯干后倒。

关键点：挺胸抬头，手脚协调发力。

5）单腿高抬走

作用：发展跑步的协调性，提高身体的控制能力。

动作要领：抬头挺胸，双臂叉腰，单腿上抬跨步向前走，双腿交替进行，控制下放腿的速度。

动作呼吸：有节奏地呼吸。

动作感觉：腹部和髋关节刺激感较为明显。

常见错误：身体后倒。

关键点：向前挺髋。

6）小步跑

作用：发展髋关节的爆发力及跑步的协调性。

动作要领：膝关节放松，抬腿的同时勾脚尖，离地约5～15厘米，前脚掌或全脚掌主动落地，双脚协调快速交替向前移动，上肢放松自然摆臂，头略微前移。

动作呼吸：有节奏地呼吸。

动作感觉：小腿刺激感较为明显。

常见错误：向上抬腿的同时没有勾脚尖。

关键点：膝关节放松。

第六节
柔韧性——让跑步更轻松

柔韧性是指身体各个关节的活动幅度以及跨过关节的韧带、肌腱、肌肉、皮肤等其他组织的弹性伸展能力。柔韧性得到充分发展后，人体关节的活动范围将明显加大，在体育运动和日常生活中可以减少由于动作幅度加大、扭转过猛而产生的关节、肌肉等软组织的损伤。运动器官的构造，包括关节的骨的结构、关节周围软组织体积的大小和伸展性、拮抗肌之间的协调性、年龄和性别都是柔韧性的决定因素。

跑者日常多做各种伸展练习，不仅可以促进血液循环，降低受伤的风险，特别是肌肉拉伤，还能改善不良跑姿，使动作更加协调灵活等。最直接的效果就是提升跑步锻炼的美好感受，让运动更加愉快。

大部分跑友对于肌肉酸痛和肌肉拉伤无法区分，我们在日常跑步锻炼过后经常出现不同部位的肌肉酸痛，有时候自己拉伸放松下，第二天就完全恢复或酸痛减轻，那么这种情况属于肌肉酸痛。如果在拉伸后疼痛感并没有减轻甚至加重了，就有可能是肌肉拉伤，必须采取紧急处理，比如冰敷、肌贴、针灸

等。肌肉拉伤后如果处理不当或者继续运动，可能升级为肌纤维撕裂，甚至发展为肌肉断裂，恢复起来难度就大多了。

柔韧性对于跑者运动损伤的防止具有重要意义，那么有哪些方法可以提高柔韧素质呢？静力拉伸、被动拉伸、PNF(本体感觉神经肌肉促进法）、震动性拉伸和动态拉伸都是可以提高柔韧性的方法，它们各有优缺点和使用方法，下面具体介绍一下。

一、静力拉伸

优点：能非常有效地增加关节活动范围、肌肉伸展性；肢体运动幅度小，牵张反射被抑制；能激活高尔基腱器使肌肉放松；不需要任何设备，不受场地的影响。

缺点：会使神经系统的兴奋性下降；长时间拉伸会使肌肉温度降低；过度拉伸会使肌肉力量下降，影响运动表现。

如果是以疲劳放松为目的，一般在训练结束后或者比赛结束后进行，每个动作

拉伸时间为15～30秒，间歇1分钟，重复1～2次。

如果是以改善柔韧性为目的，建议在热身后，进行专门训练，每个动作拉伸时间为30～60秒或者更长，间歇1～2分钟，重复3～5次。

在牵伸过程中，缓慢和均匀的呼吸也是必需的，柔韧素质发展快消退也快需要长时间坚持。身体各部位的拉伸动作如下。

1　躯干

1）拉伸背部肌群

步骤：身体呈跪姿，双手顺着头部上方向前伸展，感到躯干有牵拉感为止。整个过程动作幅度由小到大、持续缓慢，伴随缓慢均匀的呼吸。

2）拉伸腹部肌群

步骤：身体呈俯卧位，双手支撑着躯干，仰头，腹部没有牵拉感时将双手向腹部移动，直到感到腹部有牵拉感；骨盆紧贴地面，躯干向右后侧转，直到感到左侧腹内斜肌和右侧腹外斜肌有牵拉感。向左后侧转同理。整个过程动作幅度由小到大、持续缓慢，伴随缓慢均匀的呼吸。

（a）

（b）

3）拉伸腰方肌和背阔肌

步骤：拉伸腰方肌时，坐姿侧身拉伸，一手扶住对侧膝盖，一手抓脚尖直到感到下腰部肌肉有牵拉感。拉伸背阔肌时，坐姿侧身拉伸，右手向前抓住左侧脚部，左手扶住对侧膝盖，感到从右肩部根部到背部内外侧有牵拉感；左侧同理。整个过程动作幅度由小到大、持续缓慢，伴随缓慢均匀的呼吸。

（a）

（b）

4）拉伸股四头肌

步骤：跪位，身体向后仰，直到感到腹部和大腿前部有牵拉感。整个过程动作幅度由小到大、持续缓慢，伴随缓慢均匀的呼吸。

要点：对于腰部有症状的人群不建议做这个动作，因为这个动作对相应肌肉的刺激较为强烈。

（a）

（b）

5）拉伸胸大肌

步骤：站立位，迈出左脚，屈曲右肘，右手支撑在墙上，躯体向前顶，如果肘关节屈曲度大约为90度，胸大肌中束牵拉感最强烈；如果肘关节屈曲度大于90度，胸大肌下束牵拉感最强烈；如果肘关节屈曲度小于90度，胸大肌上束牵拉感最强烈。整个过程动作幅度由小到大、持续缓慢，伴随缓慢均匀的呼吸。

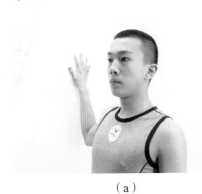

（a）

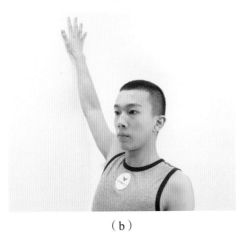

（b）

6）拉伸胸锁乳突肌

步骤：盘腿坐姿，仰头，抬下巴，向左后方侧屈头部，直到感觉到颈部右前方的肌肉拉长，然后伸展另一侧。可用手按压右侧肩膀，以增加刺激感；左侧肌肉同理。整个过程动作幅度由小到大、持续缓慢，伴随缓慢均匀的呼吸。

要点：拉伸颈部肌肉时动作要轻柔，在无痛范围内缓慢增加活动幅度，切忌暴力拉伸。

7）拉伸斜角肌

步骤：在无痛原则下，使头部尽量向左侧屈，避免头部额外的回旋。直到感觉到颈部左侧方的肌肉拉长，保持10～30秒，然后伸展另一侧。可用手按压左侧肩膀，以增加刺激感；右侧肌群同理。整个过程动作幅度由小到大、持续缓慢，伴随缓慢均匀的呼吸。

要点：拉伸颈部肌肉时动作要轻柔，在无痛范围内缓慢增加活动幅度，切忌暴力拉伸。

2　下肢

1）拉伸大腿内收肌群和小腿三头肌

步骤：拉伸大腿内收肌群时，采用单腿跪姿，单腿向侧边打开，然后向侧边滑行，再屈髋往后坐。

拉伸小腿三头肌时，双手撑地，单腿支撑，另一只脚靠在支撑腿上，支撑腿脚后跟贴地，感受到支撑腿的小腿有牵拉感即可。做完换腿。整个过程动作幅度由小到大、持续缓慢，伴随缓慢均匀的呼吸。

要点：拉伸小腿三头肌时，双手与支撑腿的间距不宜过窄。

（a）

（b）

2）拉伸阔筋膜张肌和腘绳肌

步骤：拉伸阔筋膜张肌时，坐在瑜伽垫上，左腿屈膝90度，躯干向右侧转体，使得右手能放在左膝外侧，头向后看，右手肘用力使躯干向右侧偏转。一侧拉伸结束后换到对侧继续进行拉伸。整个过程动作幅度由小到大、持续缓慢，伴随缓慢均匀的呼吸。

拉伸腘绳肌时，单腿跪地屈膝90度，另一侧的腿向前伸直，脚跟着地，双手尽力抓住伸直腿的脚尖。整个过程动作幅度由小到大、持续缓慢，伴随缓慢均匀的呼吸。

要点：缓慢牵拉而不是快速牵拉，用力适宜。

（a）

（b）

3）拉伸梨状肌、髂腰肌和股四头肌

步骤：拉伸梨状肌时，躺在瑜伽垫上，右腿伸直，左腿盘起，双手抓住左脚踝，拉动左腿靠近身体，同时保持头、肩、髋和右腿脚跟着地。整个过程动作幅度由小到大、持续缓慢，伴随缓慢均匀的呼吸。

拉伸髂腰肌、股四头肌时，先做弓步压腿动作，然后将后腿脚背贴地，躯干主动向下向前下压。整个过程动作幅度由小到大、持续缓慢，伴随缓慢均匀的呼吸。

要点：拉伸髂腰肌、股四头肌时注意用力要适宜，身边最好有人保护或者单手撑地保持身体平衡。

（a）

（b）

185

3　上肢

1）拉伸肩外旋肌群

步骤：盘腿坐在瑜伽垫上，双手反向叉腰，双肘用力向胸前方靠拢感受肩部后侧有牵拉感。

要点：用力适度，用力过大可能会拉伤肩袖。

（a）

2）拉伸腕、指伸肌群和屈肌群

步骤：拉伸腕、指伸肌群时，右手伸直，指尖向下，掌心面对自己，左手握住右手五指并将其向下向身体靠拢，感受到前臂及上臂有牵拉感即可。拉伸腕、指屈肌群时，右手伸直，指尖向下，手背面对自己，左手握住右手五指并将其向下向身体靠拢，感受到前臂及上臂有牵拉感即可。整个过程动作幅度由小到大、持续缓慢，伴随缓慢均匀的呼吸。

要点：缓慢牵拉，达到痛点后停止。（前面有详细介绍）

（b）

二、被动拉伸

被动拉伸必须借助外力来完成，由别人给牵拉，可以让牵拉的肌肉更放松，牵拉得更全面。

优点：强调受牵拉者尽量放松对抗的肌肉群，能有效地提高跑者的关节灵活度和柔韧性。

缺点：需要有人配合，不能一个人完成，而且需要牵拉者有较好的手感，施加合适的力度和角度，否则容易导致损伤。

如果是以疲劳放松为目的，一般在训练结束后或者比赛结束后进行，每个动作拉伸时间为15～30秒，间歇1分钟，重复1～2次。

如果是以改善柔韧性为目的，建议在热身后，专门进行训练，每个动作拉伸时间为30～60秒或者更长，间歇1～2分钟，重复3～5次。

注意事项：动作缓慢，施力有所控制且持续用力；感觉应该是轻微牵拉的微痛感，而并非疼痛感；牵拉的次数不宜太多，同伴之间应该及时交流；当受牵拉者感到疼痛时停止施加外力。下面介绍具体的拉伸动作。

1 躯干

1）躯干两侧拉伸

步骤：受牵拉者保持坐立，伸展上臂；牵拉者一手放在受牵拉者肩部内侧下方固定上臂，一手放在受牵拉者肘部外侧，将躯干的力量逐渐施加到受牵拉者的上臂。整个过程动作幅度由小到大、持续缓慢，受牵拉者应保持缓慢均匀的呼吸。

要点：（1）受牵拉者的肩部下方，同侧躯干外侧有牵拉感。

（2）要在疼痛范围内缓慢增加活动幅度。

2）腹内斜肌和腹外斜肌拉伸

步骤： 受牵拉者和牵拉者保持直立，互相拉住对方的双肘，扭转身体，直到感到腹部内外斜肌有牵拉感。换方向扭转牵拉。整个过程动作幅度由小到大、持续缓慢，受牵拉者应保持缓慢均匀的呼吸。

要点:（1）保持躯干竖直，不能弯腰。

（2）要在双方的疼痛范围内进行，缓慢均匀用力。

3）背部拉伸

步骤：受牵拉者和牵拉者保持直立，双手搭到对方的肩部，双脚双腿发力使躯干向外顶，直到背部感到牵拉感。整个过程动作幅度由小到大、持续缓慢，受牵拉者应保持缓慢均匀的呼吸。

要点：要在双方的疼痛范围内进行，起身的时候不要太猛，以防头晕。

2 下肢

1）小腿拉伸

步骤：被牵拉者仰卧，牵拉者抬起被牵拉者腿部，前臂搭在被牵拉者足部使足部背屈，此刻被牵拉者小腿跟腱部有刺激感。牵拉者另一只手将对方小腿向前推，以增加对方小腿部的牵拉感。整个过程动作幅度由小到大、持续缓慢，受牵拉者应保持缓慢均匀的呼吸。

2）臀部拉伸

方法一训练：被牵拉者仰卧，右侧下肢屈曲髋关节，左侧下肢屈膝屈髋搭在右侧大腿上，牵拉者右侧腿放在被牵拉者左侧膝关节前方固定左下肢，左腿在后方发力，将身体的力量施加在双手上，使被牵拉者右腿直膝屈髋，此刻被牵拉者左臀部有牵拉感。换方向牵拉右侧臀部。整个过程动作幅度由小到大、持续缓慢，受牵拉者应保持缓慢均匀的呼吸。

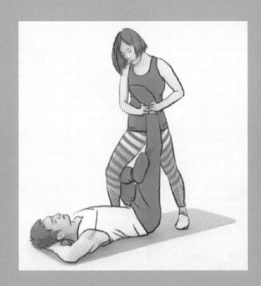

方法一要点：尽量固定被牵拉者骨盆，牵拉者用躯干的力量前推被牵拉者的大腿，不要单纯用上肢的力量。

方法二训练：两人互相拉伸。两人屈膝屈髋，一侧小腿搭在另一侧大腿上，双手互相拽着，屁股往下坐，直到感到臀部有强烈的刺激感。换方向牵拉另一侧。

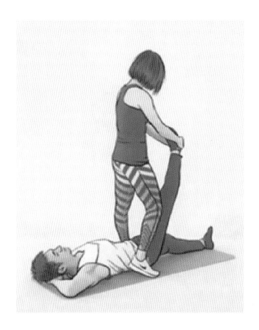

3）股后肌群拉伸

步骤：被牵拉者仰卧，牵拉者站立在被牵拉者骨盆处面朝对方脚部，右侧小腿抵住对方右侧大腿，左侧站在外侧做支撑，双手固定在对方脚踝处，屈曲对方的髋关节。如果被牵拉者感到大腿牵拉感过于强烈，可以适当屈膝。换方向牵拉另一侧。整个过程动作幅度由小到大、持续缓慢，受牵拉者应保持缓慢均匀的呼吸。

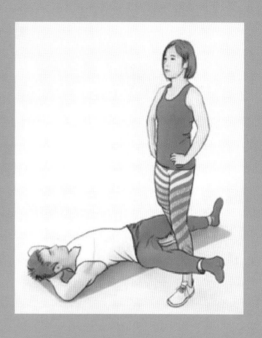

4）内收肌群拉伸

步骤：被牵拉者仰卧，双手搭在脑后，呈放松姿势。牵拉者右侧下肢抵在被牵拉者左腿内侧固定左侧下肢，左侧下肢抵在对方大腿内侧并向前外侧移动，使得被牵拉者大腿内侧肌肉有牵拉感。整个过程动作幅度由小到大、持续缓慢，受牵拉者应保持缓慢均匀的呼吸。

5）髂肌束拉伸

步骤：两人互相牵拉，站立姿势，两人外侧的下肢向内侧后方移动，另一侧下肢屈膝屈髋，双手相连，将身体向外侧顶，使得下肢的外侧肌肉有牵拉感。两人换位置以牵拉未牵拉的一侧。整个过程动作幅度由小到大、持续缓慢，受牵拉者应保持缓慢均匀的呼吸。

6）大腿后群拉伸

训练：被牵拉者双手支撑在牵拉者双肩，右脚放在牵拉者双手中，右脚跟抵在牵拉者髂前上棘处，左脚向后伸直到右侧大腿后群肌肉有牵拉感，左脚向后移以增加牵拉感。换方向牵拉另一侧。整个过程动作幅度由小到大、持续缓慢，受牵拉者应保持缓慢均匀的呼吸。

7）股四头肌拉伸

训练：被牵拉者俯卧，牵拉者一侧下肢呈跪位垫在被牵拉的大腿下面，同侧上肢屈曲被牵拉者的膝关节，另一只上肢在膝关节下方发力使得髋关节后伸，直到被牵拉的下肢大腿前侧有强烈的牵拉感。换方向牵拉另一侧，整个过程动作幅度由小到大、持续缓慢，受牵拉者应保持缓慢均匀的呼吸。

要点：牵拉者要用躯干的力量牵拉对方大腿前侧，而不是用上肢的蛮力。

3 上肢

1）肩部拉伸

步骤：被牵拉者盘腿坐位，双肩外展后伸，牵拉者双手握住被牵拉者手臂向后拉前臂，被牵拉者躯干向前抵抗向后的力，使得被牵拉者肩部前方有牵拉感。整个过程动作幅度由小到大、持续缓慢，受牵拉者应保持缓慢均匀的呼吸。

要点：牵拉者由脚部发力牵拉对方，而不是用上肢的蛮力。

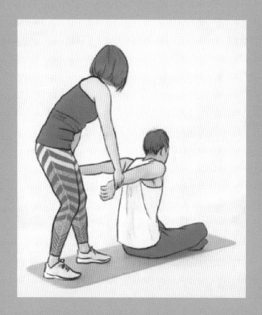

2）胸部拉伸

步骤：被牵拉者盘腿坐位，双肩外展后伸，双手紧握在脑后。牵拉者一侧下肢抵住被牵拉者的背部，双手握住被牵拉者肘部处向后用力，使得被牵拉者胸部前方有强烈的牵拉感。整个过程动作幅度由小到大、持续缓慢，受牵拉者应保持缓慢均匀的呼吸。

要点：牵拉者由脚部发力牵拉对方，而不是用上肢的蛮力。

三、PNF本体感觉神经肌肉促进法

PNF本体感觉神经肌肉促进法是利用牵张关节压缩和牵引，施加阻力等本体刺激和运用螺旋对角线状运动模式，来促进运动功能恢复和改善关节活动度非常高效的一种方法。

优点： 能够快速改善关节活动度和调动肌肉，对于预防损伤有意想不到的好处；能有效放松肌肉，改善血液循环，及时消除肌肉疲劳。

缺点： 需要同伴的帮助，不能自主完成，而且需要一定的专业知识和技能。

注意事项： 在进行PNF拉伸之前进行热身效果会更好，动作幅度由小到大，同伴之间及时交流避免受伤。

PNF 拉伸的具体操作步骤如下。

（1）静力—放松：静态拉伸目标肌肉，让目标肌肉做等长收缩6秒，再次静态拉伸目标肌肉30秒。

（2）静力—放松/拮抗肌收缩：静态拉伸目标肌肉，让目标肌肉做等长收缩6秒，再次静态伸展，同时收缩拮抗肌30秒。

（3）收缩—放松：静态拉伸目标肌肉，让目标肌肉做向心收缩6秒，再次静态伸展，同时收缩拮抗肌30秒。

（4）目标肌群保持拉伸状态10~15秒→肌肉主动发力对抗6秒→目标肌群放松被动牵拉30秒。

四、动态拉伸

动态拉伸是在功能性伸展练习中运用专项化的动作为身体做好准备活动，强调动作模式而不是个别肌肉，这种拉伸方式可以最接近地复制专项所需的动作。在跑步热身一章有详细介绍，这里不再赘述。

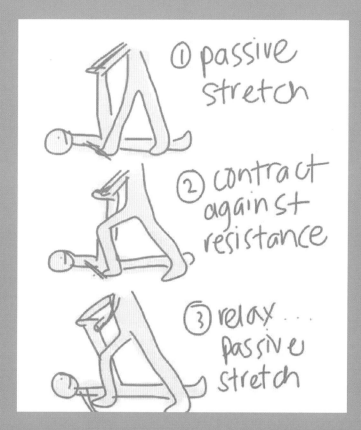

① passive stretch

② contract against resistance

③ relax... passive stretch

（英文翻译过来依次为：①被动拉伸；②抗阻收缩；③放松—被动拉伸）

第六章

跑步体能训练计划

Ready
To
Run

第一节

如何制订体能计划

每个人都希望有一个好的训练效果，开始行动是第一步，制定一份符合自己身体特点、工作性质和时间安排的训练计划则是第二步。

当你认识到跑步不只是单纯地去跑，刷跑量，或者理解了简单的理论知识，不再为自己不知道怎样提高之类问题纠结的时候，一份合理的训练计划是你最需要的。

相信大部分跑者都会通过各种途径去找各种各样的跑步体能训练计划，遵循别人的计划进行训练。学习和借鉴科学的体能训练是正确的，但是必须面对一个问题，这份计划对于自己的针对性、可行性高吗？

一、在制订体能计划时应考虑的因素

每个跑者刚开始训练时都想找到能让力量快速增长、心肺快速提高或者体能储备迅速猛增的秘诀，所以去模仿各种训练方法。但那些训练方法大多相当复杂，有些是针对竞技体育自主研发的动作，技术性很强，强度也很大。所以，盲目模仿别人的训练方法并非明智之举。自己应该结合自身的实际情况，扬长避短，加强薄弱环节的练习，制订一套适合自己的体能训练计划。

二、确定自己比赛的目标

如果想参加马拉松比赛，最好给自己制定一个目标，并花些时间去准备。在准备的期间，要合理制订阶段体能训练计划，帮助你完成赛事的目标，而不是一味地刷跑量。

三、确定自身的优势和劣势

有的跑者肌肉力量差，有的跑者心肺耐力差；有的跑者短距离配速很快，长距离跑不动，有的跑者则反之。这些都是跑者身体素质优势和劣势的体现。进行体能训练前，评估自己身体素质的情况是非常重要的，这是制订体能训练计划的依据。进行一定时间的训练后，再次评估身体素质的变化情况，掌握自己的身体素质。

有的跑者身体素质比较均衡，需要提高跑步技术和技巧，同样可以通过跑步姿势评估确定跑步技能，然后根据自身的情况，针对性地安排训练，弥补不足。

四、确定体能训练计划中每一个阶段的目标

在每个体能训练阶段都应认真安排，这样训练目标与训练阶段就会相辅相成。该目标可以是提高耐力（最大吸氧量）、改进身体协调性或者增强核心稳

定性。最好是详细说明目标，这样跑者可以明确训练的方向，这在寒冷的冬季，外部条件不利的情况下，训练激情开始衰退时，尤其有用。

五、确定每次体能训练的内容

当制订训练计划时，跑者要问自己两个问题：

(1) 这是达到目标的最有效方法吗？

(2) 这是达到目标比较安全的方法吗？

下面以增加下肢力量为训练目标举例：深蹲是专门训练下肢力量的练习，但是箭步蹲、屈腿硬拉也适合练习下肢的力量。关键是确定哪种练习最有效和

安全，能否与跑步项目、跑者的经验、动作熟练度和身体状况相联系。

六、综合训练各项运动素质，提高目标

体能训练是一个综合素质的练习，在制订计划时不能只针对某一项身体素质，而要综合考虑，结合自身的实际情况，对自己的优势环节和薄弱环节做合理的训练分配，将各类身体素质都涉及。同时练习的强度/间歇时间以及趣味性对于训练者来说也很重要，尽量要恰到好处地结合。

七、训练的持续性和负荷渐进性

持续性和渐进性是制订体能训练计划的两个重要原则。如果你三天打鱼两天晒网，不坚持训练，身体就得不到持续有规律的刺激，以致训练效果不明显；训练强度不增加使得身体对所给予的刺激产生适应性，训练效率也不高。一个有效的体能训练计划除了保证训练的持续性外，还要保证循序渐进地增加训练强度。

频率、数量、强度是训练计划的三个要素，这些要素的量和度都决定了是否能保持训练的持续性和渐进性。同样要注意训练不能过频、训练量不能过大、强度增加不能急于求成，否则会造成训练过度，甚至会因负荷过大而受伤，那样就得不偿失了。

八、遵循体能训练的程序

体能训练需要遵循一定的程序，按照一定的流程来进行，以便达到最佳的训练效果，同时减小疲劳累积和预防运动损伤。一般体能训练的第一步是筋膜梳理与准备活动，让全身动员起来，尤其是涉及本次身体训练的重点部位；第二步是实施体能训练计划，也就是本次训练的内容；第三步是训练后的整理活动，恢复再生与放松运动。

第二节
体能训练的原则

1 多样化

重复同样的训练会使跑者感到枯燥无味，要学会利用场地、器材和运动人数来设计体能训练的内容。利用多种方式进行体能训练有利于提高参与者的兴趣和积极性，同时多样化的体能训练也可促进运动员身体素质的全面发展。

2 有氧耐力、无氧耐力相结合

人体的有氧供能能力是无氧供能能力的基础。有氧能力的改善应该看作是无氧能力提高的必备条件，也是人体综合机能水平提高以适应更大强度训练的先决条件。无氧运动后的糖原的超量恢复和个体整体机能水平的提高只能在有氧代谢的条件下进行。

举个例子，在我们全力跑了一个400米后，机体无氧酵解供能所产生的乳酸，其消除的快慢程度与有氧能力的强弱有很大关系，一般呈正相关。有氧耐力是低强度运动的维持性。无氧耐力是高强度运动的维持性，二者都要重视，不能偏废。

③ 整体性与局部性(平衡性)

体能训练需要进行系统性的训练，比如力量训练、耐力训练、速度训练、柔韧训练等。体能既要注重整体性的提高，同时又要根据运动项目的需求来加强局部的专项耐力。

④ 超量负荷

为了取得训练效果，每次练习的负荷量都有必要超过平时的基本要求。大运动量、高强度的训练是不断提升自身运动水平的重要条件，同时运动的负荷强度要保证与跑者的运动水平相一致。随着训练水平的提高，运动的负荷强度也随之作相应的调整。

5 及时恢复性

无恢复，不训练。每次训练结束后机体在负荷的刺激下，其能量储备、物质代谢以及神经调节的机能水平出现下降（疲劳），在训练后这些机能能力不仅可以恢复到负荷前的初始水平，而且能够在短期内超过初始水平，达到"超量恢复"的效果。如果在"超量恢复"阶段适时给予新的负荷刺激，"负荷—疲劳—恢复—超量恢复"的过程则可以不断地在更高的水平层次上周而复始地进行，由此使机体的能力得到不断的持续提高。体能训练会加速人体新陈代谢的过程，必须有足够的休息和能量作保证，以促进跑者体能得到恢复，使得正常训练得以持续进行，同时也是训练质量的保障。我们可以采用一些比较积极的恢复手段，比如针对不同肌肉群间歇交替进行练习、针对不同身体素质进行交替训练等。

第三节

12周跑步体能训练计划

我们把12周的体能训练计划分为3个阶段，1～4周为基础训练阶段，5～8周为专项提高阶段，9～12周为赛前准备阶段。灵敏协调和柔韧素质可以在每次课的热身和放松的环节进行，所以我们就不单独拿时间出来训练。除了体能训练安排之外，每周可以进行

1～2次户外跑、骑自行车、游泳等运动。肌肉力量和核心稳定部分的练习动作请分别参考第五章的第三节和第四节。

一、新手入门级体能训练计划

每次训练课前都应该进行15～20 min的动态热身，训练课后进行15～25 min的筋膜放松和拉伸恢复，并且在训练过程中注意及时补充水分。训练期间保证优质的睡眠和良好的饮食习惯。

训练周	周一	周三	周五
	心肺耐力	肌肉力量	核心稳定
第一周 第二周	持续放松跑 时间为30～45 min 靶心率保持在60%～70% 发展有氧代谢能力	徒手深蹲　箭步蹲 高脚杯深蹲　左右弓步蹲 后侧步蹲　后斜蹲 每个动作做20次×3～5组 组间间歇1～2 min	平板支撑 平板位移 左右侧桥 静态臀桥 站姿侧屈 Good Morning 每个动作做30 s×3～5组 组间间歇30～60 s
第三周 第四周	持续放松跑 时间为30～60 min 靶心率保持在70%～75% 发展有氧代谢能力	徒手深蹲　箭步蹲 高脚杯深蹲　左右弓步蹲 后撤步蹲　后斜蹲 每个动作做20次×3～5组 组间间歇1～2 min	平板支撑 平板位移 左右侧桥 动态臀桥 站姿侧屈 Good Morning 每个动作做45 s×3～5组 组间间歇30～60 s
第五周 第六周	以自己最快的速度 完成8～10 km	箱式深蹲 前腿抬高弓步蹲 跪姿挺髋 后腿抬高弓步蹲 跪姿后倾 前后弓步蹲 台阶上步 每个动作做15～20次×3～5组 组间间歇1～2 min	平板手前伸 平板单腿撑 俯卧Y字上抬 死虫子练习1、2、3 俯卧W字上抬 每个动作做15次×3～5组 组间间歇30～60 s
第七周 第八周	以自己最快的速度完成 10～15 km	箱式深蹲 前腿抬高弓步蹲 跪姿挺髋 后腿抬高弓步蹲 跪姿后倾 前后弓步蹲 台阶上步 每个动作做15～20次×3～5组 组间间歇1～2 min	平板手前伸 平板单腿撑 俯卧Y字上抬 死虫子练习1、2、3 俯卧W字上抬 每个动作做20次×3～5组 组间间歇30～60s
第九周 第十周	200 m×8组 80%～90%HRmax 可以在跑道上进行，快速 跑200 m，间歇时间以慢 跑或者步行的方式进行， 间歇时间为60～90 s	屈腿硬拉　单腿后蹲 直腿硬拉　单腿硬拉 台阶上步　跪姿后倾 单臂上举蹲 每个动作做12～15次×3～5组 组间间歇2～3 min	俄罗斯转体 双腿V字起 仰卧放腿 交叉V字起 跪姿伐木 跪姿上挑 侧卧髋外展 每个动作做15次×3～5组 组间间歇30～60 s
第十一周 第十二周	400 m×5组 80%～90%HRmax 可以在跑道上进行，快速 跑400米，间歇时间以慢 跑或者步行的方式进行， 间歇时间为90 s～5 min	屈腿硬拉　单腿后蹲 直腿硬拉　单腿硬拉 台阶上步　跪姿后倾 单臂上举蹲 每个动作做8～15次×3～5组 组间间歇2～3 min	俄罗斯转体 双腿V字起 仰卧放腿 交叉V字起 跪姿伐木 跪姿上挑 侧卧髋外展 每个动作做20次×3～5组 组间间歇30～60 s

第十二周（所有训练计划的内容减半）因为要准备参加比赛，所以要保持训练的强度，减少训练量。

　　注：此训练计划仅供大家参考，在训练过程中如果出现疼痛或者身体感到不适，可结合自身情况降低训练难度或者停止训练。大家必须高度重视训练前的热身活动和训练结束后的拉伸放松。

二、半程马拉松选手体能训练计划

每次训练课前都应该进行10～15 min的动态热身，训练课后进行15～20 min的筋膜放松和拉伸恢复，并且在训练过程中注意及时补充水分。训练期间保证优质的睡眠和良好的饮食习惯。

训练周	周一 心肺耐力	周三 肌肉力量	周五 核心稳定
第一周 第二周	有氧放松跑 时间为60～90 min 靶心率保持在65%～70% 发展有氧代谢能力	箱式深蹲 前腿抬高弓步蹲 跪姿挺髋 后腿抬高弓步蹲 跪姿后倾 前后弓步蹲 弓步上举 每个动作做20次×3～5组 组间间歇1～2 min	平板手前伸 平板单腿撑 俯卧Y字上抬 死虫子练习1、2、3 俯卧W字上抬 每个动作做15次×3～5组 组间间歇30～60 s
第三周 第四周	长距离跑 靶心率保持在70%～75% 跑25～30 km	箱式深蹲 前腿抬高弓步蹲 跪姿挺髋 后腿抬高弓步蹲 跪姿后倾 前后弓步蹲 弓步上举 每个动作做20次×3～5组 组间间歇1～2 min	平板手前伸 平板单腿撑 俯卧Y字上抬 死虫子练习1、2、3 俯卧W字上抬 每个动作做20次×3～5组 组间间歇30～60 s
第五周 第六周	法特莱特跑 快跑4 min，慢跑2 min 快跑2 min，慢跑1 min 快跑1 min，慢跑30 s 重复5～6次	屈腿硬拉 单腿后蹲 直腿硬拉 单腿硬拉 台阶上步 跪姿后倾 火箭推 每个动作做15～20次×3～5组 组间间歇1～2 min	俄罗斯转体 双腿V字起 仰卧放腿 交叉V字起 跪姿伐木 跪姿上挑 侧卧髋外展 每个动作做20次×3～5组 组间间歇30～60 s

（续表）

训练周	周一	周三	周五
	心肺耐力	肌肉力量	核心稳定
第七周 第八周	法特莱特跑 快跑10 min，慢跑3 min 重复5～6次	屈腿硬拉　单腿后蹲 直腿硬拉　单腿硬拉 台阶上步　跪姿后倾 火箭推 每个动作做15～20次×3～5组 组间间歇1～2 min	俄罗斯转体　双腿V字起 仰卧放腿　交叉V字起 跪姿伐木　跪姿上挑 侧桥髋外展 每个动作做25次×3～5组 组间间歇30～60 s
第九周 第十周	200 m×10组 80%～90%HRmax 可以在跑道上进行， 快速跑200 m，间歇以恢复性慢跑200 m的方式进行	屈腿硬拉　半高抬腿 直腿硬拉　滑雪步 火箭推　弓步上举 每个动作做12～15次×3～5组 组间间歇2～3 min	仰卧抬腿卷腹 俯卧登山步 弓步旋转　熊爬20 m 屈腿风车　蜘蛛爬20 m 侧桥肘触膝 每个动作做20次×3～5组 组间间歇30～60 s
第十一周 第十二周	400 m×5组 80%～90%HRmax 可以在跑道上进行， 快速跑400 m，间歇以恢复性慢跑200 m的方式进行	屈腿硬拉　半高抬腿 直腿硬拉　滑雪步 火箭推　弓步上举 每个动作做8～15次×3～5组 组间间歇2～3 min	双手上举卷腹 俯卧蹲山步 坐式剪刀腿　熊爬20 m 弓步旋转　蜘蛛爬20 m 每个动作做25次×3～5组 组间间歇30～60 s

第十二周（所有训练计划的内容减半）因为要准备参加比赛，所以要保持训练的强度，减少训练量。

注：最大心率=（220－年龄）

静息心率：是指在清醒的安静状态下每分钟心跳的次数。

靶心率=（最大心率－静息心率）×期望的运动强度百分比+静息心率。

例如

一个20岁的跑者，他的静息心率是60，目标是在靶心率保持在65%～70%之间进行训练，那么他的靶心率=（220-20-60）×65%/70%+60，所以他在训练的过程中心率需要控制在151～158之间。

此训练计划仅供大家参考，在训练过程中如果出现疼痛或者身体感到不适，可结合自身情况降低训练难度或者停止训练。大家必须高度重视训练前的热身活动和训练结束后的拉伸放松。

三、马拉松选手体能训练计划

每次训练课前都应该进行15～20 min的动态热身，训练课后进行15～25 min的筋膜放松和拉伸恢复，并且在训练过程中注意及时补充水分。训练期间保证优质的睡眠和良好的饮食习惯。

训练周	周一 心肺耐力	周三 肌肉力量	周五 核心稳定
第一周 第二周	有氧放松跑 时间为1～2 h 靶心率保持在65%～70% 发展有氧代谢能力	跪姿挺髋 后腿抬高弓步蹲 跪姿后倾 前后弓步蹲 上步提膝 滑雪步 每个动作做20次×3～5组 组间间歇1～2 min	平板手前伸 平板单腿撑 侧桥腿屈伸1 死虫子练习1、2、3 俯卧W字上抬 每个动作做15次×3～5组 组间间歇30～60 s
第三周 第四周	长距离跑 时间为1.5～2 h 靶心率保持在70%～75%	跪姿挺髋 后腿抬高弓步蹲 后侧步蹲 后斜蹲 单臂上举蹲 左右弓步蹲 每个动作做20次×3～5组 组间间歇1～2 min	平板手前伸 平板单腿撑 侧桥腿屈伸2 空中单车 死虫子练习1、2、3 每个动作做20次×3～5组 组间间歇30～60 s

（续表）

训练周	周一	周三	周五
	心肺耐力	肌肉力量	核心稳定
第五周 第六周	法特莱特跑 快跑15 min，慢跑5 min 重复5～6次	屈腿硬拉　单腿后蹲 台阶上步　单腿硬拉 直腿硬拉　跪姿后倾 滑雪步 每个动作做15～20次×3～5组 组间间歇1～2 min	俄罗斯转体　双腿V字起 仰卧放腿　交叉V字起 跪姿伐木　跪姿上挑 侧卧髋外展 每个动作做20次×3～5组 组间间歇30～60 s
第七周 第八周	法特莱特跑 快跑10 min，上坡跑5 min 下坡跑15 min，快跑10 min 下坡跑5 min，放松跑10 min 重复1～2次	屈腿硬拉　单腿后蹲 台阶上步　单腿硬拉 直腿硬拉　跪姿后倾 半高抬腿 每个动作做15～20次×3～5组 组间间歇1～2 min	仰卧抬腿卷腹 俯卧登山步 弓步旋转　熊爬20 m 俯卧髋外展　蜘蛛爬20 m 每个动作做25次×3～5组 组间间歇30～60 s
第九周 第十周	6×200 m间歇以 恢复性慢跑200 m 4×400 m间歇以 恢复性慢跑400 m 2×800 m间歇以 恢复性慢跑200 m 强度80%～90%HRmax	高脚杯蹲　屈腿硬拉 箭步蹲　直腿硬拉 左右弓步蹲　跪姿挺髋 高抬腿 每个动作做12～15次×3～5组 组间间歇2～3 min	双腿交替上抬　侧桥屈髋1 侧卧起腿　熊爬25 m 弓步旋转 毛毛虫爬行25 m 鳄鱼爬行25 m 每个动作做25次×3～5组 组间间歇30～60 s
第十一周 第十二周	以比赛速度跑 时间为30～40 min 间歇以恢复性慢 跑5 min 重复2次	高抬腿　弓步上举 单腿硬拉　单臂上举蹲 火箭推举　上步提膝 滑雪步 每个动作做8～15次×3～5组 组间间歇2～3 min	双腿交替上抬 侧桥屈髋2 侧桥静态髋外展　熊爬25 m 弓步旋转　毛毛虫爬行25 m 鳄鱼爬行25 m 每个动作做30次×3～5组 组间间歇30～60 s

第十二周（所有训练计划的内容减半）因为要准备参加比赛，所以要保持训练的强度，减少训练量。

注：此训练计划仅供大家参考，在训练过程中如果出现疼痛或者身体感到不适，可结合自身情况降低训练难度或者停止训练。大家必须高度重视训练前热身活动和训练结束的拉伸放松。

参考文献

[1] 勒威尔. 乐跑宝典[M]. 北京：人民邮电出版社，2014.

[2] 理查德·内鲁卡.马拉松跑：从新手到世界冠军[M].北京：人民体育出版社，2006.

[3] 皮特·普菲青格，菲利普·莱特. 路跑提速：从5公里到半马[M]. 北京：人民邮电出版社，2016.